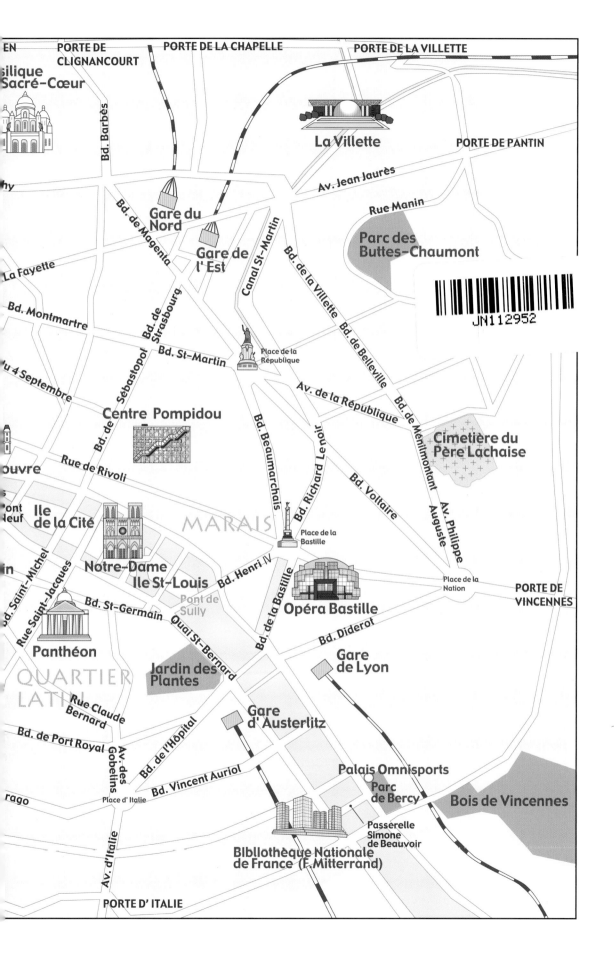

EN

silique
Sacré-Cœur

La Villette

PORTE DE PANTIN

hy

Bd. Barbès

Av. Jean Jaurès

Gare du
Nord

Bd. de Magenta

Rue Manin

Gare de
l' Est

Canal St-Martin

Parc des
Buttes-Chaumont

La Fayette

Bd. de Strasbourg

Bd. de la Villette

Bd. Montmartre

Bd. Sébastopol

Bd. St-Martin

Place de la
République

Bd. de Belleville

u 4 Septembre

Centre Pompidou

Bd. de

Av. de la République

Bd. de Ménilmontant

Cimetière du
Père Lachaise

Rue de Rivoli

ouvre

Bd. Beaumarchais

Bd. Richard Lenoir

Av. Philippe Auguste

Bd. Voltaire

ont
Neuf

Ile
de la Cité

MARAIS

Place de la
Bastille

Notre-Dame

Bd. Saint-Michel

Rue Saint-Jacques

in

Ile St-Louis

Bd. Henri IV

Place de la
Nation

PORTE DE
VINCENNES

Pont de
Sully

Bd. St-Germain

Quai St-Bernard

Bd. de la Bastille

Opéra Bastille

Panthéon

Bd. St-Germain

Bd. Diderot

QUARTIER
LATIN

Jardin des
Plantes

Gare
de Lyon

Rue Claude
Bernard

Bd. de Port Royal

Av. des Gobelins

Bd. de l'Hôpital

Gare
d' Austerlitz

rago

Bd. Vincent Auriol

Place d' Italie

Palais Omnisports

Parc
de Bercy

Bois de Vincennes

Av. d'Italie

Passerelle
Simone
de Beauvoir

Bibliothèque Nationale
de France (F. Mitterrand)

PORTE D' ITALIE

# C'est à vous !

Asako Yokomichi

Editions ASAHI

# ● 目　次 ●

| Leçon | Acte de parole | Grammaire | Expressions / vocabulaire | Page |
|---|---|---|---|---|
| 0 | あいさつをする | | アルファベ　人称代名詞強勢形<br>数字・序数<br>曜日・月・季節 | 1 |
| 1 | 自己紹介をする | être と avoir の活用<br>第1群規則動詞の活用<br>第2群規則動詞の活用<br>定冠詞<br>属詞の性数変化<br>否定文 | 好き嫌いを言う、その理由を述べる表現<br>よく使う疑問詞<br>学問分野<br>身体的特徴・性格をあらわす表現<br>発音：年齢 | 3 |
| 2 | 家族を紹介する | 不定冠詞<br>所有形容詞<br>形容詞の性数変化と位置 | 家族・職業 | 7 |
| 3 | 1日の生活について話す | 代名動詞の活用<br>よく使う不規則動詞 (aller, partir, faire, prendre) の活用<br>部分冠詞<br>時間の表現 | 食べ物・飲み物<br>日常生活・週末の生活<br>発音：時間の表現 | 11 |
| 4 | 自分の住んでいる町を紹介する | il y a 構文：位置をあらわす表現<br>à / de ＋定冠詞の省略<br>代名詞<br>中性代名詞 « y »<br>天気の表現 | 施設・店<br>移動・交通手段<br>方角<br>フランスの「階」の数え方 | 15 |
| 5 | 未来について話す | 指示形容詞<br>近接未来・近接過去<br>動詞の原形を取る表現 | 「未来」をあらわす表現<br>国名と観光地 | 19 |
| Lecture 1 | フランス人に聞きました♪「自己紹介してください」 | | | 23 |
| 6 | 過去について話す (1) | 直説法複合過去形<br>複合過去の疑問文・否定文 | 「過去」をあらわす表現 | 25 |
| 7 | 過去について話す (2) | 直説法半過去形<br>複合過去と半過去の使い分け<br>人称代名詞<br>中性代名詞 « en » « le » | 感嘆文 | 29 |
| 8 | 状況を説明する | 現在分詞とジェロンディフ<br>関係代名詞と強調構文 | 頻度をあらわす表現 | 33 |
| 9 | 比較する | 受動態<br>比較級と最上級<br>指示代名詞 | 代表的なフランスの祝日<br>町の特徴をあらわす形容詞 | 37 |
| 10 | 反省・願望を述べる | 直説法単純未来形<br>条件法現在形<br>接続法現在形 | よく使う「つなぎ語」<br>接続法をとる表現 | 41 |
| Lecture 2 | フランス人に聞きました♪「あなたにとって日本とは？」 | | | 45 |
| Appendices | 1．疑問文について：疑問文の3つの形・否定疑問文とその答え方<br>2．定冠詞・不定冠詞・部分冠詞・指示形容詞・所有形容詞・疑問形容詞の総復習<br>3．命令形<br>4．中性代名詞 en / y / le の総復習：人称代名詞と中性代名詞の使い分け (ça, y, en)<br>5．時制についての補足(直説法大過去形、直説法前未来形、条件法過去形、接続法過去形) | | | 47 |

# ● はじめに ●

　本教材は、初級文法を習得（復習）しながら、フランス語でのスピーチ力を伸ばすことを目的にした教科書です。「自己紹介をする」「家族紹介をする」「一日の生活について話す」「自分の住んでいる町（地方）を紹介する」「将来（週末、長期休暇の予定など）について話す」「過去（週末、休暇の思い出など）について話す」「日本と海外を比較する」「後悔を述べる、将来の抱負を語る」などのテーマを取り上げ、それぞれについて、自分の言いたいことが正しく述べられるように、文法知識・語彙・表現の定着を目指します。

　そもそも、日本人はおおむねスピーチが苦手です。それを外国語で、それも習ったばかりのフランス語でやってのけるのは至難の業。授業の中で、フランス語でスピーチする機会を積極的に設けることによって、将来、フランス語圏への留学や、スピーチコンテストに挑戦する学生が増えることを期待します。

　本書は、**1. Leçons（全10課）　2. Lectures　3. Appendices** から構成されています。

## 1.　Leçon 1 ~ Leçon 10

　それぞれの **Leçon** は、1）～4）の項目から構成されています。

### 1）美樹によるモデルスピーチ

美樹のスピーチを読み（あるいは音声を聞き）、「内容読解」の問題を解きます。この段階では「ぼんやりと」わかるレベルでかまいません。そのあと、クラス全体でスピーチを精読し、知らない表現や文法事項を整理していきます。各課のスピーチではそれまでに習った単語・表現を中心に用いていますが、新出単語・表現が多い場合は、同ページの下段に単語集 (Expressions) を載せています。

### 2）Grammaire「文法解説」と　3）Entraînez-vous !「練習問題」

各課で習得すべき文法解説と、それに対応する練習問題のコーナーです。文法事項が理解できているか、練習問題を解きながら進めていきます。

### 4）Parlez de vous !「二人組での会話」と「スピーチの作成と発表」

この部分は「与えられた質問に答える」と「スピーチを作る」から構成されています。まず、与えられた質問に答え、二人組で質疑応答をします。次に、質疑応答の内容をもとに、自分についてのスピーチを作成し、教師の前で暗唱します。

## 2.　Lectures　「フランス人に聞きました♪」

美樹のスピーチでは、文法事項を効率よく導入するために、できるかぎり容易な構文・単語・表現を用いていますが、Lectures では、より自然な言い回しや表現を増やすために、フランス人に直接インタビューした文章を掲載しています。インタビューは日本に留学しているフランス人学生に対して行ったものです。それまでの課の文法事項を復習すると同時に、同年代のフランス人から自然な表現を吸収しましょう。

## 3.　Appendices

Leçons 1~10 で取り上げることができなかった文法事項や、初修者が間違えやすい項目について、復習コーナーを設けました。

〈付記〉インタビューは、Mehdi Khenache さん、Marie Frisson さん、Barbara Pinon さんにお願いしました。校閲は、Christine Nagano-Timbert 先生、Esther Pinon 先生にお願いしました。快くお引き受けくださったみなさんに心からの感謝を申し上げます。

著者

# Leçon 0 あいさつをする

## 挨拶

Bonjour !

Bonsoir !

Au revoir !

À bientôt!

À la semaine prochaine !

Merci beaucoup !

## Alphabet : アルファベ

A a   B b   C c   D d   E e
F f   G g   H h   I i   J j
K k   L l   M m   N n   O o
P p   Q q   R r   S s   T t
U u   V v   W w   X x   Y y   Z z

| [a] | [e] | [ə] | [ɛ] | [i] | [o] | [y] |
|-----|-----|-----|-----|-----|-----|-----|
| A | B | E | F | I | O | Q |
| H | C |   | L | J |   | U |
| K | D |   | M | X |   |   |
|   | G |   | N | Y |   |   |
|   | P |   | R |   |   |   |
|   | T |   | S |   |   |   |
|   | V |   | Z |   |   |   |
|   | W |   |   |   |   |   |

### ▶ 二人組でやり取りしてみましょう ◀

A : Je m'appelle Kenta. Et vous ?
B : Moi, je m'appelle Anna.
A : Enchanté !
B : Enchantée* !      *女性の場合は Enchantée.

### ▶ Ça s'écrit comment ? ◀

A : Je m'appelle Yuka.
B : YUKA ? Ça s'écrit comment ?
A : Y, U, K, A. Et toi ?
B : Moi, c'est Jun. J, U, N. Enchanté.
A : Enchantée.

| 人称代名詞強勢形 | | |
|-----|-----|-----|
| je | → | moi |
| tu | → | toi |
| il | → | lui |
| elle | → | elle |
| nous | → | nous |
| vous | → | vous |
| ils | → | eux |
| elles | → | elles |

### ▶ Comment on dit «　　　» en français ? ◀

A : Comment on dit « ありがとう » en français ?
B : On dit « merci ».
A : Ça s'écrit comment ?
B : Ça s'écrit : M, E, R, C, I.
A : Merci !!!

→ « こんにちは »、« こんばんは » について、同じやりとりをしてみましょう！

### 🎧7 数字

| 1 | 2 | 3 | 4 | 5 | 6 | 7 | 8 | 9 | 10 |
|---|---|---|---|---|---|---|---|---|---|
| un | deux | trois | quatre | cinq | six | sept | huit | neuf | dix |
| **11** | **12** | **13** | **14** | **15** | **16** | **17** | **18** | **19** | **20** |
| onze | douze | treize | quatorze | quinze | seize | dix-sept | dix-huit | dix-neuf | vingt |

20 : vingt, vingt **et** un, vingt-deux, vingt-trois...

30 : trente, trente **et** un, trente-deux, trente-trois...

40 : quarante, quarante **et** un, quarante-deux...

50 : cinquante, cinquante **et** un, cinquante-deux...

60 : soixante, soixante **et** un, soixante-deux...

70 : soixante-dix, soixante **et** onze, soixante-douze, soixante-treize...

80 : quatre-vingt**s**, quatre-vingt-un, quatre-vingt-deux...

90 : quatre-vingt-dix, quatre-vingt-onze...

100 : cent    101 : cent un    200 : deux cent**s**    300 : trois cent**s**　←（倍数では « s » が必要！）
　　　＊注意：端数がある場合は、s が消えます！　201 : deux cent un, 505 : cinq cent cinq

1000 : mille    2000 : deux mille　←（倍数でも « s » 不要！）

### 🎧8 序数（～番目）：数字＋ ième

ただし、1番目（英語の first）は premier (première) と言います。

1. premier / première　　2. deuxième, second(e)　　3. troisième　　　　4. quatrième

5. cinquième ...　　　　20. vingtième　　　　　21. vingt et unième

### 🎧9 曜日：jour

| 月 | 火 | 水 | 木 | 金 | 土 | 日 |
|---|---|---|---|---|---|---|
| lundi | mardi | mercredi | jeudi | vendredi | samedi | dimanche |

Aujourd'hui, c'est **quel jour** ? — C'est lundi.

### 🎧10 月：mois

| janvier | février | mars | avril | mai | juin |
|---|---|---|---|---|---|
| juillet | août | septembre | octobre | novembre | décembre |

Aujourd'hui, c'est **le combien** ? — C'est **le** 18 avril.

　　　　　　　　　　　　　　　 — C'est **le premier** décembre.

　　　　　　　　　　　＊1日だけは序数を使う

### 🎧11 季節：saison

| printemps | été | automne | hiver |
|---|---|---|---|
| 春 | 夏 | 秋 | 冬 |

「～に」

**au** printemps　　**en** été　　**en** automne　　**en** hiver

# Leçon 1 自己紹介をする

Bonjour ! Je m'appelle Miki. Je suis japonaise. J'ai dix-neuf ans et je suis née le 🎧12 seize juillet. Je suis de Nara, mais j'habite maintenant à Kobe. Je suis étudiante en deuxième année d'économie\*. J'étudie le commerce international et les langues étrangères (l'anglais et le français). Je ne parle pas encore très bien français, mais j'aime beaucoup étudier cette langue. Je suis très gourmande et j'adore notamment les gâteaux. Je ne suis pas sportive. Je n'aime pas du tout le sport, parce que c'est fatigant !

\* être étudiant(e) en ~ année de + 学問分野（無冠詞）「～学部の～年生だ」
Je suis étudiant en première année de droit.　僕は法学部の１年生だ。

▶ 内容読解：（　　　）に適語を入れましょう。◀

1．美樹は（　　　）歳だ。
2．美樹の誕生日は（　　　）月（　　　）日だ。
3．美樹は経済学部の（　　　）年生だ。
4．美樹は外国語として（　　　）語と（　　　）語を勉強している。
5．美樹は（　　　）が好きだが、（　　　）は好きではない。

| ♥ Expressions | 好き嫌い・その理由を述べる表現 |
| --- | --- |

♥♥♥ J'adore...
♥♥ J'aime beaucoup...
♥ J'aime bien...
♡ Je n'aime pas beaucoup...　} ＋名詞（定冠詞をつける）／ 動詞の原形
♡♡ Je n'aime pas...
♡♡♡ Je n'aime pas du tout...
♡♡♡♡ Je déteste...

| Qu'est-ce que vous aimez? | |
| --- | --- |
| le cinéma | 映画 |
| la musique | 音楽 |
| les voyages | 旅 |
| le travail | 仕事・勉強 |
| le shopping | 買い物 |
| lire | 読む |
| manger | 食べる |
| dormir | 寝る |
| chanter | 歌う |
| danser | 踊る |

＜理由＞
Pourquoi ? :「なぜ？」
Parce que c'est (ce n'est pas)... :「～だから（～でないから）」

    <u>Pourquoi</u> vous aimez le cinéma ?
    <u>Parce que</u> c'est amusant. ← c'est (ce n'est pas) の後の形容詞は常に男性単数形！

| amusant | 楽しい | intéressant | 興味深い | bon | おいしい | beau | 美しい |
| --- | --- | --- | --- | --- | --- | --- | --- |
| facile | 簡単な | pratique | 便利な | reposant | いやされる | utile | 役立つ |
| difficile | 難しい | fatigant | 疲れる | mauvais | まずい | ennuyeux | 退屈な |

# Grammaire

**13** **1.** 動詞《être》と《avoir》の直説法現在形

| être：〜である | | | |
|---|---|---|---|
| je | suis | nous | sommes |
| tu | es | vous | êtes |
| il | est | ils | sont |
| elle | est | elles | sont |

| avoir：〜を持つ | | | |
|---|---|---|---|
| j' | ai | nous | avons |
| tu | as | vous | avez |
| il | a | ils | ont |
| elle | a | elles | ont |

**14** **2.** 第1群規則動詞（-er動詞）と第2群規則動詞（-ir動詞）の直説法現在形

| chanter：歌う | | | |
|---|---|---|---|
| je | chante | nous | chantons |
| tu | chantes | vous | chantez |
| il | chante | ils | chantent |
| elle | chante | elles | chantent |

| finir：終える | | | |
|---|---|---|---|
| je | finis | nous | finissons |
| tu | finis | vous | finissez |
| il | finit | ils | finissent |
| elle | finit | elles | finissent |

**3.** 定冠詞

| 男性名詞 | 女性名詞 | 母音で始まる単数名詞<br>（男性名詞・女性名詞とも） | 複数名詞<br>（男性名詞・女性名詞とも） |
|---|---|---|---|
| le | la | l' | les |

1) 唯一のもの：le Japon, la France, l'Italie, les États-Unis, la tour Eiffel
2) 総称（〜というもの）：好き嫌いをいう場合は定冠詞を使います。

J'aime les chats / les chiens / les oiseaux / les légumes. → 数えられる名詞は複数形

J'aime le sport / la musique / la viande / le café. → 数えられない名詞は単数形
3) 限定しているもの：le sac de Ken ⇔ 限定していないもの→不定冠詞（Leçon 2 参照）

**4.** 属詞（国籍・職業などをあらわす言葉）

| 男性単数 | 女性単数 | 男性複数 | 女性複数 |
|---|---|---|---|
| étudiant | étudiante | étudiants | étudiantes |

＊例外：男性単数が e で終わる語の女性形：belge → belge：変化なし

男性単数が s で終わる語の複数形：japonais → japonais：変化なし

**5.** 否定文：⬚動詞⬚ を ne と pas ではさむ。

Je ne ⬚suis⬚ pas étudiant.　　　　　Je ne ⬚parle⬚ pas chinois.

＊母音から始まる動詞の場合は、ne は n' となります

Il n'⬚est⬚ pas professeur.　　　　　Je n'⬚étudie⬚ pas le chinois.

**15** **Prononcez !**　　「年齢を言う」：動詞は《avoir》を使い、数字の後ろに《an(s)》を付けます。

| | | | | |
|---|---|---|---|---|
| un an | deux ans | trois ans | quatre ans | cinq ans |
| six ans | sept ans | huit ans | neuf ans | dix ans |
| onze ans | douze ans | treize ans | quatorze ans | quinze ans |
| seize ans | dix-sept ans | dix-huit ans | dix-neuf ans | vingt ans |

vingt et un ans / vingt-deux ans / vingt-trois ans...

trente et un ans / trente-deux ans / trente-trois ans...

## Entraînez-vous !

**1.** フランス語に訳しましょう。

　　＜語群＞　**français / japonais / étudiant**

　　1)　僕は日本人だ。

　　_____

　　2)　彼女はフランス人だ。

　　_____

　　3)　あなたたちは男子学生だ。

　　_____

　　4)　私たちは女子学生だ。

　　_____

　　5)　彼らは日本人だ。

　　_____

**2.** 定冠詞を入れましょう

　　1)　(　　　　　　) Japon　　2)　(　　　　　　) France　　3)　(　　　　　　) États-Unis
　　4)　(　　　　　　) Espagne　5)　(　　　　　　) Chine　　6)　(　　　　　　) Canada
　　7)　(　　　　　　) université　8)　(　　　　　　) cinéma　　9)　(　　　　　　) hôpital
　10)　(　　　　　　) sport　　11)　(　　　　　　) pommes　12)　(　　　　　　) gâteaux

**3.** 次の動詞を活用させましょう。

| **danser:** 踊る | | **choisir:** 選ぶ | |
| --- | --- | --- | --- |
| je | nous | je | nous |
| tu | vous | tu | vous |
| il | ils | il | ils |
| elle | elles | elle | elles |

**4.** **avoir, aimer, habiter, parler** から適語を選び、正しく活用させましょう。

　　1) Nous (　　　　　　) vingt ans.　　　2) Tu (　　　　　　) à Tokyo ?
　　3) Elles (　　　　　　) japonais.　　　4) Ils (　　　　　　) 18 ans.
　　5) Ils (　　　　　　) le Japon.　　　　6) Tu (　　　　　　) le chocolat.
　　7) Nous (　　　　　　) français.　　　8) Elle (　　　　　　) à Paris.
　　9) Ils (　　　　　　) à Osaka.　　　10) Nous (　　　　　　) 20 ans.

**5.** 音声を聞いて、フランス語を書き取りましょう。数字は算用数字でもかまいません。🎧16

　　1)　Il (　　　　　　) (　　　　　　).
　　2)　Tu (　　　　　　) (　　　　　　) (　　　　　　).
　　3)　Nous (　　　　　　) (　　　　　　).
　　4)　Elles (　　　　　　) (　　　　　　).
　　5)　Vous (　　　　　　) (　　　　　　) Osaka.

# Parlez de vous !

**1.** （　　）に適切な疑問詞を右の表から選び、疑問文を完成させましょう。また、疑問文に答え、二人組で会話してみましょう。（⇒参照「Appendice 1：疑問文について」）

| いかに？ | comment |
|---|---|
| どこ？ | où |
| だれ？ | qui |
| いつ？ | quand |
| 何？ | qu'est-ce que * |
| いくら？ | combien |

どんな〜

| quel (m.s.) | quelle (f.s.) |
|---|---|
| quels (m.pl.) | quelles (f.pl.) |

\*《qu'est-ce que》は《que》,《quoi》という形でも使われる。
⇒参照「Appendice 1」

1. 名前：Vous vous appelez (　　　　　) ?
   答) ＿＿＿＿＿＿＿＿＿＿＿＿＿

2. 出身地：Vous êtes d'(　　　　　) ?
   答) ＿＿＿＿＿＿＿＿＿＿＿＿＿

3. 住んでいる所：Vous habitez (　　　　　) ?
   答) ＿＿＿＿＿＿＿＿＿＿＿＿＿

4. 誕生日：Vous êtes né(e) (　　　　　) ?
   答) ＿＿＿＿＿＿＿＿＿＿＿＿＿

5. 年齢：Vous avez (　　　　) âge ?
   答) ＿＿＿＿＿＿＿＿＿＿＿＿＿

6. 話せる言葉：Vous parlez (　　　　) langues ?
   答) ＿＿＿＿＿＿＿＿＿＿＿＿＿

7. 身分・職業：(　　　　　　　) vous faites dans la vie ?
   答) ＿＿＿＿＿＿＿＿＿＿＿＿＿

8. 専門の学問分野：(　　　　　　　　) vous étudiez ?
   答) ＿＿＿＿＿＿＿＿＿＿＿＿＿

9. 身体的特徴・性格：Vous êtes (　　　　　　) ?
   答) ＿＿＿＿＿＿＿＿＿＿＿＿＿

**2.** 美樹の例にならって、自己紹介してみましょう。

Bonjour, je m'appelle.....

---

### Expressions　「学問分野」・「身体的特徴・性格」をあらわす表現

《学問分野》

| la philosophie | 哲学 | la littérature | 文学 | l'esthétique | 美学 |
|---|---|---|---|---|---|
| la psychologie | 心理学 | la musicologie | 音楽学 | la pédagogie | 教育学 |
| la sociologie | 社会学 | l'économie | 経済学 | le droit | 法学 |
| la technologie | 工学 | la biologie | 生物学 | la médecine | 医学 |

《身体的特徴・性格をあらわす表現》

| petit(e) | 背が低い | grand(e) | 背が高い | sportif / sportive | スポーツ好き |
|---|---|---|---|---|---|
| intelligent(e) | 聡明な | joli(e) | きれいな | méchant(e) | いじわるな |
| gros / grosse | 太い | gentil / gentille | 優しい | sérieux / sérieuse | まじめな |
| beau / belle | 美しい | actif / active | 活発な | paresseux / paresseuse | 怠惰な |

\*もともと «-e» で終わる語は男女同形です。

| mince | スリムな | calme | 穏やかな | timide | 内気な | sympathique | 感じのいい |
|---|---|---|---|---|---|---|---|

# 家族を紹介する

Je vous présente ma famille. Nous sommes cinq. Mon père s'appelle Goro. Il a cinquante et un ans. Il est employé et il travaille dans une société commerciale à Osaka. Il est sérieux et calme. Il aime lire. Ma mère s'appelle Kumiko. Elle est femme au foyer. Elle a quarante-sept ans. Elle est très active : elle aime le sport, notamment la natation. J'ai un frère et une sœur. Mon frère s'appelle Kenta. Il a vingt-trois ans. Il est cuisinier et il travaille dans un restaurant italien à Kobe. Il est gentil et très gourmand. Il aime les voyages. Ma sœur, Ami, est lycéenne. Elle a quinze ans. Elle est un peu timide. Elle aime écouter de la musique, notamment la pop. J'adore ma famille !

▶ 内容読解：表を完成させましょう。 ◀

|  | 美樹との続柄 | 年齢 | 職業・身分 | 性格 | 趣味 |
|---|---|---|---|---|---|
| Goro | 父 |  |  | まじめで、おだやか |  |
| Kumiko |  |  | 主婦 |  | スポーツ（水泳） |
| Kenta |  |  |  |  |  |
| Ami |  |  | 高校生 | ちょっと内気 |  |

**Expressions** 家族・職業

《famille：家族》

| père | 父 | mère | 母 | parents | 両親 | | |
|---|---|---|---|---|---|---|---|
| frère | 兄弟 | sœur | 姉妹 | grand-père | 祖父 | grand-mère | 祖母 |
| mari | 夫 | femme | 妻 | oncle | おじ | tante | おば |

《professions：職業》

| avocat / avocate | 弁護士 | employé/ employée | 会社員 | cuisinier/ cuisinière | 料理人 |
|---|---|---|---|---|---|
| vendeur / vendeuse | 販売員 | boulanger/ boulangère | パン職人 | pâtissier /pâtissière | ケーキ職人 |
| infirmier / infirmière | 看護師 | pharmacien/ pharmacienne | 薬剤師 | | |

✿もともと -e で終わる語は、男女同形を用います。

| architecte | 建築家 | photographe | 写真家 | fonctionnaire | 公務員 |
|---|---|---|---|---|---|
| journaliste | ジャーナリスト | dentiste | 歯医者 | | |

## Grammaire

### 1. 不定冠詞

| 男性名詞 | 女性名詞 | 複数名詞 |
|---|---|---|
| un | une | des |

J'ai **un** frère.　　　　　J'ai **une** amie.　　　　　J'ai **des** chat**s**. ←名詞には複数の s\*!

<否定の **de**>：不定冠詞は、否定文では **de (d')** に変わります！

> \* 例外的に «-x» となる語もある。
> un gâteau　→ des gâteau**x**
> un hôpital　→ des hôpitau**x**

J'ai **un** frère. → Je n'ai pas **de** frère.

J'ai **une** sœur. → Je n'ai pas **de** sœur.

J'ai **des** enfants. → Je n'ai pas **d'**enfants.

> 注1）定冠詞は否定文でも変化しません！ Je n'aime pas <u>la</u> musique.
>
> 注2）C'est (ce sont)...の文では、否定文でも de に変化しません！
>
> 　　　C'est <u>un</u> chat. →Ce n'est pas <u>un</u> chat.　Ce sont <u>des</u> lunettes. →Ce ne sont pas <u>des</u> lunettes.

### 2. 所有形容詞

|  | 男性名詞 | 女性名詞 | 複数（男性名詞・女性名詞） |
|---|---|---|---|
| je | mon | ma (mon\*) | mes |
| tu | ton | ta (ton\*) | tes |
| il / elle | son | sa (son\*) | ses |
| nous | notre | | nos |
| vous | votre | | vos |
| ils / elles | leur | | leurs |

\* 例外：母音から始まる女性名詞単数の場合、mon / ton / son を使います

~~ma~~ amie → mon amie / ~~ta~~ amie → ton amie / ~~sa~~ amie → son amie

### 3. 形容詞の変化と位置

1) 形容する名詞の性数によって変化する（属詞と同じ！）

2) 原則的に「名詞の<後>」に置く

　　un stylo noir / **une** gomme noir**e** / **des** stylos noir**s** / **des** gommes noir**es**

\* 例外：以下のような形容詞は「名詞の<前>」に置きます。

> \* beau は母音から始まる男性
> 単数名詞の前では bel になる。
> un b~~eau~~ arbre
> → un bel arbre

小さい：　petit(s) / petite(s)　　大きい：grand(s)/ grande(s)

良い：　　bon(s) / bonne(s)　　悪い：　mauvais(s)/ mauvaise(s)

かわいい：joli(s) / jolie(s)　　美しい：beau\*(x) / belle(s)

un petit restaurant / une grande maison　　　un beau garçon / une belle fille

~~des~~ de petits restaurants / ~~des~~ de grandes maisons　　~~des~~ de beaux garçons / ~~des~~ de belles filles

> 形容詞が「名詞の前」に来る場合は、複数形の des は « de » に変わります！

「名詞の後に来る形容詞」と「名詞の前に来る形容詞」を一緒に使う場合：

　　un <u>joli</u> sac <u>bleu</u> / une <u>jolie</u> robe <u>bleue</u>

　　de <u>jolis</u> sac<u>s</u> <u>bleus</u> / de <u>jolies</u> robe<u>s</u> <u>bleues</u>

## Entraînez-vous !

**1.** (    ) に適切な不定冠詞を入れましょう。

1) (          ) stylo    2) (          ) gomme  3) (          ) cahier    4) (          ) trousse

5) (          ) montre   6) (          ) sac     7) (          ) crayon    8) (          ) livre

9) (          ) table    10) (          ) chaise  11) (          ) fenêtre   12) (          ) tableau

13) (          ) lunettes 14) (          ) gants   15) (          ) chaussures 16) (          ) chaussettes

⇒ 1.～16. の単語を使って、二人組で以下のやり取りをしてみましょう。
   A：Qu'est-ce que c'est ?
   B：C'est un (          ). / C'est une (          ). / Ce sont des (          ).

**2.** (      ) に適切な所有形容詞を入れましょう。

1) 僕の：(          ) stylo    2) 君の：(          ) gomme    3) 彼女の：(          ) cahier

4) 彼の：(          ) trousse  5) 彼らの：(          ) université 6) 彼の：(          ) sacs

7) 私たちの：(          ) montre          8) あなたたちの：(          ) mère

9) 私の：(          ) crayons           10) 君の：(          ) amie

11) 彼女の：(          ) chaussures       12) 彼らの：(          ) chaussettes

**3.** 以下の色を示す形容詞を正しく変化させ、表現を完成させましょう。

黒 noir / noire   緑 vert / verte   青 bleu / bleue
赤 rouge        ピンク rose      オレンジ orange （←もともと e で終わる語は女性形の変化なし！）
白 blanc / blanche （← h に注意！）

例：stylo / 赤：un stylo rouge

1) gomme / 黒：_____      2) trousses / 青：_____

3) lunettes / 赤：_____    4) table / 緑：_____

5) sacs / オレンジ：_____   6) chaussures / 白：_____

7) montre / かわいい＋ピンク：_____

8) gants / 小さい＋赤：_____

9) chaussures / 美しい＋白：_____

**4.** 音声を聞いて（    ）に適語を書き入れましょう。 (18)

1) (          ) est-ce que c'(          ) ?

2) C'(          ) (          ) (          ) restaurant.

3) Ce (          ) (          ) stylos (          ).

4) Nous (          ) (          ) (          ) chien.

5) Elle (          ) (          ) jolis sacs.

9

## Parlez de vous !

**1.** 以下の疑問文の（　　　）に、適切な疑問詞（p.6参照）を入れましょう。また、ペアを組み、Ａさん、Ｂさんの役割を決めて、疑問文に答え、会話をしましょう。

| ＜Ａさん＞ | 年齢 | 職業 | 特徴・性格 |
|---|---|---|---|
| 父：たけし | 52歳 | 公務員 | スポーツマン |
| 母：けいこ | 48歳 | 先生 | 食いしん坊 |
| 弟：こうた | 16歳 | 高校生 | まじめ |
| ペット：犬 | 2歳 | ？ | 優しい |

| ＜Ｂさん＞ | 年齢 | 職業 | 特徴・性格 |
|---|---|---|---|
| 父：ひろし | 47歳 | カメラマン | 内気 |
| 母：なおこ | 55歳 | 会社員 | 活発 |
| 姉：れいこ | 25歳 | デパート店員 | 美女 |
| ペット：猫 | 1歳 | ？ | 太っている |

1. 家族の人数：Vous êtes (　　　　　　　　　　) dans votre famille ?

   答）Nous ........................................................................................................

2. 年齢：Votre père, il a (　　　　　　　　) âge ?

   答）Il ............................................................................................................

   ＊⇒母、兄弟、姉妹についてもたずねましょう（「3. 職業」、「4. どんな人?」についても同様。）

3. 職業（身分）：(　　　　　　　　　　　　　) il fait dans la vie ?

   答）Il ............................................................................................................

4. どんな人？：Il est (　　　　　　　　　　) ?

   答）Il ............................................................................................................

5. 兄弟：Vous avez des frères?

   答）...............................................................................................................

6. 姉妹：Vous avez des sœurs?

   答）...............................................................................................................

7. ペット：Vous avez des chats ou des chiens ?

   答）...............................................................................................................

**2.** Ａさん、あるいは、Ｂさんになって、家族紹介をしてみましょう。

Bonjour, je vous présente ma famille. Nous sommes...

# 1日の生活について話す

Le lundi, je me lève à sept heures du matin et je prends mon petit déjeuner : je mange du pain et de la salade, et je bois du café au lait. Je pars de chez moi à huit heures et quart, et je prends le train de huit heures vingt-sept. Dans le train, j'écoute souvent de la musique. J'arrive à la fac à neuf heures moins cinq. Le matin, j'ai deux cours. À midi et demie, je déjeune avec mes amis au restaurant universitaire. L'après-midi, j'ai trois cours et je finis vers six heures. Après les cours, je travaille dans un restaurant français, car je m'intéresse* à la cuisine française. Je travaille jusqu'à dix heures du soir et je rentre très tard. Je prends un bain et je me couche vers minuit.

\* s'intéresser à : ～に興味がある

▶ 内容読解：（　　）に適切な数字を入れなさい。◀

1．（　　　）時に起きる。
2．（　　　）時（　　　）分頃に家を出発し、（　　　）時（　　　）分の電車に乗る。
3．大学には（　　　）時（　　　）分前に着く。
4．授業は（　　　）時頃に終わる。
5．授業後（　　　）時までバイトする。
6．（　　　）時頃に就寝する。

**Expressions**　日常生活をあらわす表現

se lever　se coucher　manger　boire

faire la cuisine　faire le ménage　avoir des cours　travailler

rentrer　regarder la télé　écouter de la musique　prendre un bain

**[20] 1. 代名動詞の直説法現在形**

1) 再帰的用法：「自分を～する」
Je me lève à six heures.

2) 相互的用法：「互いに～する」
Nous nous téléphonons souvent.

3) 受動的用法：「～される」
Ce mot se prononce comment ?

4) 本質的用法：定型表現 (代名動詞のかたちでしか存在しない動詞)
Je me souviens de ce livre.

| se lever: 起床する | | | | | |
|---|---|---|---|---|---|
| je | me | lève | nous | nous | levons |
| tu | te | lèves | vous | vous | levez |
| il | se | lève | ils | se | lèvent |
| elle | se | lève | elles | se | lèvent |

**[21] 2. よく使う不規則動詞の直説法現在形：« aller » « partir » « faire » « prendre »**

| aller: 行く | | partir: 出発する | | faire: 英語の « do » | | prendre: 英語の «take» | |
|---|---|---|---|---|---|---|---|
| je | vais | je | pars | je | fais | je | prends |
| tu | vas | tu | pars | tu | fais | tu | prends |
| il / elle | va | il / elle | part | il / elle | fait | il / elle | prend |
| nous | allons | nous | partons | nous | faisons | nous | prenons |
| vous | allez | vous | partez | vous | faites | vous | prenez |
| ils / elles | vont | ils / elles | partent | ils / elles | font | ils / elles | prennent |

⇒ aller / partirは « -er » / « -ir »で終わりますが、規則動詞ではありません！ 注意しましょう！
⇒ « partir »と同じ活用の動詞：« sortir » (出かける) / « dormir » (眠る) などがあります。

**3. 部分冠詞：数えられない名詞に使います。**

| 男性名詞 | 女性名詞 | 母音から始まる語 |
|---|---|---|
| du | de la | de l' |

Je bois du café.　　　Je mange de la viande.　　　Je bois de l'eau.

<否定の **de**>：部分冠詞は、否定文では de (d') に変わります (不定冠詞と同じ)！
Je bois du café. →Je ne bois pas de café. / Je mange de la viande. →Je ne mange pas de viande.
Je bois de l'eau. → Je ne bois pas d'eau.

**[22] 4. 時間の表現：Il (非人称主語) est ... heure(s).**

何時ですか？：Quelle heure est-il ?*　　3時です：Il est trois heures.

＊ Vous avez l'heure ? (Tu as l'heure ?) とたずねることもできますが、Il est...で答えます！

| | 24時間制 **l'heure officielle** | 12時間制 **l'heure quotidienne** |
|---|---|---|
| 1 : 00 | une heure | une heure (du matin) |
| 8 : 10 | huit heures dix | huit heures dix (du matin) |
| 9 : 15 | neuf heures quinze | neuf heures et quart (du matin) |
| 12 : 00 | douze heures | midi |
| 13 : 30 | treize heures trente | une heure et demie (de l'après-midi) |
| 19 : 45 | dix-neuf heures quarante-cinq | huit heures moins le quart (du soir) |
| 23 : 50 | vingt-trois heures cinquante | minuit moins dix |
| 0 : 00 | zéro heure | minuit |

**[23] Prononcez !**

| zéro heure | une heure | deux heures | trois heures | quatre heures | cinq heures |
| six heures | sept heures | huit heures | neuf heures | dix heures | onze heures |
| douze heures | treize heures | quatorze heures | quinze heures | seize heures | dix-sept heures |
| dix-huit heures | dix-neuf heures | vingt heures | vingt et une heures | | |
| vingt-deux heures | vingt-trois heures | | | | |

## Entraînez-vous !

**1.** 次の代名動詞を正しく活用させましょう。

| **se coucher:** 就寝する (go to bed) ||
|---|---|
| je | nous |
| tu | vous |
| il | ils |
| elle | elles |

**2.** **aller, partir, faire, prendre** から適切な動詞を選び、正しく活用させましょう。

1) Nous (　　　　　　) à 9h.　　2) Vous (　　　　　　　) la cuisine.

3) Elle (　　　　　　) le train.　　4) Elles (　　　　　　　) à la fac.

5) Nous (　　　　　　) un bain.　　6) Ils (　　　　　　　) du shopping.

7) Tu (　　　　　　) la cuisine.　　8) Vous (　　　　　　　) à midi et demie.

**3.** 部分冠詞か不定冠詞を入れましょう。⇒「Expressions：食べ物・飲み物」を参照

1) (　　　) pain　2) (　　　) croissant　3) (　　　) poisson　4) (　　　) viande

5) (　　　) riz　6) (　　　) sandwich　7) (　　　) thé　8) (　　　) jus d'orange

9) (　　　) lait　10) (　　　) eau　11) (　　　) soupe　12) (　　　) spaghettis

13) (　　　) café　14) (　　　) salade　15) (　　　) pomme　16) (　　　) légumes

**4.** 時間の表現：**Quelle heure est-il maintenant ?**「今、何時ですか？」

＊次の時間を24時間制で答えましょう。

Il est....

1) 1 : 10　　2) 8 : 17　　3) 9 : 25　　4) 14 : 46　　5) 16 : 32

＊次の時間を12時間制で答えましょう。

Il est....

1) 午前6時　2) 正午15分　3) 午後3時半　4) 午後9時10分前　5) 夜中の0時15分前

**5.** 音声を聞いて、日本語に訳しなさい。🎧24

1) ................................................................................................................

2) ................................................................................................................

3) ................................................................................................................

4) ................................................................................................................

5) ................................................................................................................

**Expressions**　食べ物・飲み物

| | | | | | | | |
|---|---|---|---|---|---|---|---|
| pain (m) | パン | riz (m) | 米 | pâtes (f.pl.) | 麺類 | **légumes** (f.pl.) | 野菜 |
| poisson (m) | 魚 | viande (f) | 肉 | soupe (f) | スープ | **salade** (f) | サラダ |
| café (m) | コーヒー | thé (m) | 紅茶 | lait (m) | 牛乳 | jus (m) | ジュース |
| vin (m) | ワイン | bière (f) | ビール | fruit (m) | 果物 | pomme (f) | りんご |

# Parlez de vous !

**1.** ( ) に適切な疑問詞 (p.6を参照) を入れ、疑問文を完成させましょう。二人組で会話しましょう。

1. Le lundi, vous vous levez à (　　　　　　　　　　) heure ？ (何時に？)
   答) _____

2. (　　　　　　　　　) vous mangez au petit déjeuner ？ (朝食には何を食べますか？)
   答) _____

3. Vous partez de la maison à (　　　　　　　　　) heure ？ (何時に家を出発しますか？)
   答) _____

4. Vous déjeunez (　　　　　　　　) ？ (どこで昼食を取りますか？)
   答) _____

5. Vous avez (　　　　　　　) de cours ？ (何コマ授業がありますか？)
   答) _____

6. (　　　　　　　) vous faites après les cours ？ (放課後何をしますか？)
   答) _____

7. Le week-end, (　　　　　　　) vous faites ？ (週末、何をしますか？)
   答) _____

**2.** 美樹にならって、月曜日の生活について話してみましょう
   Le lundi, je me lève....

---

**Expressions**　　週末の過ごしかた

《出かける：sortir (avec 人で：～と出かける、デートする)》

ショッピングする：faire du shopping　　　　映画 (劇) に行く：aller au cinéma (au théâtre)
カラオケで歌う：chanter au karaoké　　　　クラブ (ディスコ) で踊る：danser en boîte
散歩する：se promener　　　　　　　　　サイクリングする：faire du vélo
レストラン (カフェ) で食事する：manger au restaurant (au café)
スポーツする：faire du sport (du foot, du baseball, du basketball, de la natation)
《自宅で過ごす：rester à la maison》
休む：se reposer　　寝る：dormir　　テレビを見る：regarder la télé
読書する：lire　　ネットを見る：surfer sur le net　　友達を招く：inviter un(e) (des) ami(e)(s)

# Leçon 4　自分の住んでいる町を紹介する

J'habite à Kobe. Cette ville se situe à l'ouest d'Osaka, et elle est la capitale de la préfecture de Hyogo. Près de la gare de Kobe, il y a des cafés, des restaurants et des magasins. C'est un quartier très animé. Le week-end, je m'y balade souvent avec mes amies : on* fait du shopping et on se repose dans un café. J'habite loin de la gare. En général, je vais à vélo jusqu'à la gare, mais quand il pleut, j'y vais en bus. C'est très fatigant, parce qu'il y a beaucoup de monde dans le bus ! J'habite dans une maison avec ma famille. En face de chez moi, il y a un petit parc. Quand il fait beau, je m'y promène souvent avec ma sœur. C'est vraiment agréable. À côté du parc, il y a une boulangerie et j'y achète souvent du pain pour le petit déjeuner. C'est très bon !

\* « on » はオーラル表現で「私たちは」「人々は」をあらわす主語。動詞は三人称単数の活用。

▶ 内容読解：○×をつけましょう。◀

1．美樹は駅周辺でよく買い物をする。　　（　　　）
2．美樹は駅の近くに住んでいる。　　　　（　　　）
3．駅まではいつでもバスを使う。　　　　（　　　）
4．美樹の家の前には公園がある。　　　　（　　　）
5．公園のそばにはスーパーがある。　　　（　　　）

## Expressions　施設・店 / 交通手段

《施設・店》

| gare (f) | 鉄道の駅 | station (f) de métro | 地下鉄の駅 | arrêt (m) de bus | バス停 |
| aéroport (m) | 空港 | marché (m) | 市場 | supermarché (m) | スーパー |
| toilettes (f.pl.) | トイレ | café (m) | 喫茶店 | boulangerie (f) | パン屋 |
| restaurant (m) | レストラン | brasserie (f) | 居酒屋 | cinéma (m) | 映画館 |
| parc (m) | 公園 | musée (m) | 美術館 | pharmacie (f) | 薬局 |
| banque (f) | 銀行 | hôtel (m) | ホテル | pâtisserie (f) | ケーキ屋 |
| magasin (m) | 店 | université (f) | 大学 | théâtre (m) | 劇場 |
| grand magasin (m) | デパート | école (f) | 学校 | bibliothèque (f) | 図書館 |

《移動手段》

| à pied | 徒歩で | à vélo | 自転車で | à moto | バイクで |
| en train | 電車で | en voiture | 車で | en bus | バスで |
| en avion | 飛行機で | en bateau | 船で | en taxi | タクシーで |

\* à / en：「〜で（英語の on, by）」に当たる前置詞です。
Je vais en train. / Je prends le train. とは言いますが、Je prends en train. は間違いです！

**1. Il y a...** 「～があります」

Il y a un livre sur la table. / Il y a une gomme dans la trousse.

⇒複数形を伴う場合でも、« Il y a »のままです。

Il y a des livres sur la table. / Il y a des gommes dans la trousse.

⇒否定文：Il n'y a pas de (d')....

Il n'y a pas de livres sur la table.

Il n'y a pas de gommes dans la trousse.

Il n'y a pas d'étudiants dans la salle.

⇒倒置疑問文：Y a-t-il.... : Y a-t-il des étudiants dans la salle ?

« t »に注意！

| 位置をあらわす表現 |
|---|
| dans  sur ⇔ sous |
| ～の中に ～の上に ～の下に |
| devant ⇔ derrière |
| ～の前に ～の後ろに |
| à gauche de ⇔ à droite de |
| ～の左に ～の右に |
| à côté de / près de ⇔ loin de |
| ～のそばに ～の遠くに |
| entre A et B |
| AとBの間に |

**2. à / de ＋定冠詞の省略の規則**

| à ＋定冠詞 |
|---|
| à + la → そのまま |
| à + le → au に変化 |
| à + l' → そのまま |
| à + les → aux に変化 |

| de ＋定冠詞 |
|---|
| de + la → そのまま |
| de + le → du に変化 |
| de + l' → そのまま |
| de + les → des に変化 |

Je vais à la banque.　　　　　　Je viens de la banque.

Je vais à le au musée.　　　　　Je viens de le du musée.

Je vais à l'hôtel.　　　　　　　Je viens de l'hôtel.

Je vais à les aux toilettes.　　　Je viens de les des toilettes.

*例外：à / de ＋「女性名詞の国名」・「母音で始まる国名」の場合

à ：Je vais à la France. → Je vais en France.　　Je vais à l'Italie. → Je vais en Italie.

de：Je viens de la France. → Je viens de France.　　Je viens de l'Italie. → Je viens d'Italie.

⇔男性名詞の国名・複数名詞の国名の場合は、規則どおりの省略を行います。

Je vais à le au Japon. / Je vais à les aux Pays-Bas.

Je viens de le du Japon. / Je viens de les des Pays-Bas.

**3. 代名詞：性数に応じて、il / elle / ils /elles を用います。**

Où est le parc?—Il est devant la gare.　　　　Où est la banque?—Elle est à côté du magasin.

Où sont les magasins?—Ils sont près de la gare. Où sont les toilettes?—Elles sont dans le parc.

**4. 中性代名詞 « y »：場所の表現や「à ＋もの」にかわります。**

Je vais à Osaka.　　　　　　⇒ J'y vais. / Je n'y vais pas.

Elle est dans le parc.　　　　⇒ Elle y est. / Elle n'y est pas.

Ils vont en France.　　　　　⇒ Ils y vont. / Ils n'y vont pas.

Tu penses à ton avenir.　　　⇒ Tu y penses. / Tu n'y penses pas.

**5. 天気の表現：Il fait ...：「非人称主語il」＋「動詞 « faire »」の三人称単数の活用**

今日はどんな天気？：Quel temps fait-il aujourd'hui ?

Il fait beau / mauvais / chaud / froid / humide / sec.

＜faire以外の動詞を用いる表現＞

Il pleut. 雨が降っている。　Il neige. 雪が降っている。　Il y a des nuages. 曇っている。

## Entraînez-vous !

**1.** 右図と対応するように、（　）に適語を入れなさい。

Il y a (　　　　　) vase (　　　　　) la table.

(　　　　　) le vase, il y a (　　　　　) fleurs.

(　　　　　) la table, (　　　　　) un sac.

(　　　　　) le sac, (　　　　　　　).

**2.** 右上図を見て次の質問に答えなさい。

1) Qu'est-ce qu'il y a sur la table ? .............................

2) Qu'est-ce qu'il y a dans le vase ? .............................

3) Où est le sac ? .............................

4) Où sont les livres ? .............................

5) Y a-t-il un sac sur la table ? .............................

**3.** **y** を用いて、**oui** と **non** で答えましょう。

1) Tu vas à Osaka ?

Oui, je (　　　　　). Non, je (　　　　　).

2) Vous êtes dans le café ?

Oui, nous (　　　　　). Non, nous (　　　　　).

3) Elle rentre chez elle ?

Oui, elle (　　　　　). Non, elle (　　　　　).

**4.** フランス語の文章の間違いを6つ指摘しなさい。

「僕は一軒家に住んでいる。玄関 entrée (f) の左にはトイレがある。トイレの前には居間 séjour (m) がある。居間のそばには台所 cuisine (f) がある。僕の寝室 chambre (f) は2階（フランス式の1階）だ。」

J'habite dans un maison (f). À gauche de la entrée (f), il y a des toilettes (f.pl.). En face de les toilettes, il y a un séjour (m). À côté de le séjour, il y a une cuisine. Mon chambre (f) est à le premier étage.

| 誤 | 正 | 誤 | 正 |
|---|---|---|---|
| 1) un maison | (　　) maison | 4) | |
| 2) | | 5) | |
| 3) | | 6) | |

**5.** 音声を聞いて、イラストと合っていれば○、間違っていれば×をつけなさい。 🎧|26|

1)

2)

3)

4)

## Parlez de vous !

**1.** 自分の住んでいる町について、以下の質問に答え、ペアでやりとりしてみましょう。

1. Vous habitez où ?

2. C'est où ?

3. Vous habitez près de l'université ou loin de l'université ?

4. Vous allez à l'université comment ?

5. Près de chez vous, qu'est-ce qu'il y a ?

6. Est-ce qu'il y a un parc près de chez vous ?

7. Vous habitez dans une maison ou dans un appartement ?

8. Si vous habitez dans une maison, votre chambre est à quel étage ?

9. Si vous habitez dans un appartement, vous habitez à quel étage ?

10. Vous aimez votre quartier ? Pourquoi ?

| 方角をあらわす表現 | |
|---|---|
| au nord de ~ | ～の北に |
| au sud de ~ | ～の南に |
| à l'est de ~ | ～の東に |
| à l'ouest de ~ | ～の西に |
| au nord-est de ~ | ～の北東に |
| au nord-ouest de ~ | ～の北西に |
| au sud-est de ~ | ～の南東に |
| au sud-ouest de ~ | ～の南西に |

**2.** 美樹にならって、自分の住んでいる町を紹介しましょう。

**Expressions** フランスの「階」の数え方

日本でいう「1 階」は、フランスでは « rez-de-chaussée » といいます。

| | 日本 | フランス |
|---|---|---|
| | 4 階に | au troisième étage |
| | 3 階に | au deuxième étage |
| | 2 階に | au premier étage |
| | 1 階に | au rez-de-chaussée |

Cet été, je pars pour la France. Je vais rester trois semaines à Tours. C'est une 🎧27 ville qui* se situe au sud-ouest de Paris. Dans cette ville, il y a beaucoup de sites touristiques et de plus, il y a une école de langue très réputée. Pendant mon séjour, je vais apprendre le français dans cette école et je peux heureusement loger dans une famille française, chez Monsieur et Madame Dupont. Comme ils ne parlent ni le japonais, ni l'anglais, je dois communiquer avec eux en français. Alors, il me faut absolument améliorer mon français avant de partir. Je travaille donc très sérieusement en ce moment. J'ai quatre cours de français à la fac et le week-end, j'ai une leçon particulière avec une jeune Française. Avec elle, nous avons une règle stricte : pendant le cours, il est interdit de parler en japonais ! C'est un peu dur pour moi, mais il est vraiment intéressant de parler en français.

＊主格の関係代名詞（→先行詞は Tours）：関係代名詞は Leçon 8 を参照

▶ 内容読解：○×をつけましょう。◀

1．美樹は 3 週間フランスに滞在する予定だ。　　　　　　　　（　　　）
2．美樹が滞在する町はパリの北東にある。　　　　　　　　　（　　　）
3．美樹がホームステイするフランス人家族は英語を話す。　　（　　　）
4．現在、美樹は大学で週に 5 コマのフランス語の授業を取っている。（　　　）
5．プライベートレッスンの先生は、若いフランス人男性だ。　（　　　）

## ♛ Expressions　　時の表現「未来」

| | |
|---|---|
| demain | 明日 |
| après-demain | 明後日 |
| la semaine prochaine | 来週 |
| le mois prochain | 来月 |
| l'an prochain | 来年 |
| (l'année prochaine) | |
| l'été prochain | 来年の夏 |
| lundi prochain | 来週の月曜日 |
| ↑曜日の場合は無冠詞 | |
| bientôt | 近いうちに |
| tout à l'heure | すぐあとで |

これらの表現は「さようなら」« Au revoir !» のあと、
« à » とともに使うと「また、〜に（会おうね）」となります。
　　Au revoir, à demain !　また、明日！
　　Au revoir, à la semaine prochaine !　また、来週！
　　Au revoir, à bientôt !　また、近いうちに！

「〜日後に」という場合は « dans » を用います。
　　Au revoir, dans trois jours !　また 3 日後に！

指示形容詞を用いる表現もあります。
　　Au revoir, à ce soir !　さよなら、また今晩！
　　Au revoir, à ce week-end !　さよなら、また今週末！

# Grammaire

## 1. 指示形容詞

| 男性単数 | 女性単数 | 複数 |
|---|---|---|
| ce | cette | ces |

＊男性単数名詞で母音から始まる語には cet を使います。

c̸e arbre(m) → cet arbre ／ c̸e ami → cet ami

## 2. 近接未来と近接過去

| 近接未来：aller ＋動詞の原形 | | | | 近接過去：venir de ＋動詞の原形 | | | |
|---|---|---|---|---|---|---|---|
| je | vais chanter | nous | allons chanter | je | viens de chanter | nous | venons de chanter |
| tu | vas chanter | vous | allez chanter | tu | viens de chanter | vous | venez de chanter |
| il/elle | va chanter | ils/elles | vont chanter | il/elle | vient de chanter | ils/elles | viennent de chanter |

## 3. 主な準動詞：英語の助動詞 (« can », « must ») のように「動詞の原形」を取る動詞

| **vouloir:** want to | | **pouvoir:** can | | **devoir:** must | | **savoir:** be able to | |
|---|---|---|---|---|---|---|---|
| je | veux | je | peux | je | dois | je | sais |
| tu | veux | tu | peux | tu | dois | tu | sais |
| il / elle | veut | il / elle | peut | il / elle | doit | il / elle | sait |
| nous | voulons | nous | pouvons | nous | devons | nous | savons |
| vous | voulez | vous | pouvez | vous | devez | vous | savez |
| ils / elles | veulent | ils / elles | peuvent | ils / elles | doivent | ils / elles | savent |

＊「～できる」:「pouvoir ＋動詞の原形」 vs「savoir ＋動詞の原形」どう違うの？？？

pouvoir：～できる状況である ／ savoir：～できる能力がある

Je sais bien nager, mais je ne peux pas nager maintenant, parce qu'il fait trop froid.

僕は泳げるけど、今は泳げないよ。だって、寒すぎるもの。

＊否定文は「活用している動詞だけ」を、ne...pas ではさみます。

Je ne veux pas travailler. / Elle ne va pas partir.

＊代名動詞を用いる場合：再帰代名詞を人称変化させ、動詞は原形です。

| se coucher | | | | | | | |
|---|---|---|---|---|---|---|---|
| je | veux | me | coucher | nous | voulons | nous | coucher |
| tu | veux | te | coucher | vous | voulez | vous | coucher |
| il / elle | veut | se | coucher | ils / elles | veulent | se | coucher |

## 4. 非人称構文で動詞の原形をとる表現：il は非人称（形式）主語（英語の it に相当）

il faut ＋動詞の原形：～しなければならない

il est facile (difficile) de ＋動詞の原形：～することは簡単だ（難しい）

il est permis (interdit) de ＋動詞の原形：～することは許され（禁じられ）ている

il vaut mieux ＋動詞の原形：～するほうがいい

＊否定文は、il に対して活用している動詞だけを ne...pas ではさみます。

Il ne faut pas travailler.

Il n'est pas permis de fumer ici.

## Entraînez-vous !

**1.** （　　）に適切な指示形容詞を入れましょう。

1) (　　　　) matin　2) (　　　　) après-midi　3) (　　　) soir　4) (　　　　) week-end

5) (　　　　) dimanche　6) (　　　　) vacances　7) (　　　　) année　8) (　　　　) étudiants

9) (　　　　) université　10) (　　　　) hôtel　11) (　　　　) église　12) (　　　　) école

**2.** 以下の文章を、**a)** 近接未来、**b)** 近接過去に書きかえましょう。

1)　Je fais la cuisine.

a) _____　b) _____

2)　Tu te brosses les dents.

a) _____　b) _____

**3.** 文脈に合うように動詞を選び、正しく活用させて（　　）に入れましょう。

＜語群＞　**aller / venir / pouvoir / vouloir / devoir / savoir**

1)　私たちはパリを訪れる予定だ。　　　　Nous (　　　　　　　) visiter Paris.

2)　彼は大学に到着したところだ。　　　　Il (　　　　　　　) d'arriver à la fac.

3)　彼らはフランス語を話す能力がある。　Ils (　　　　　　　) parler français.

4)　たばこを吸ってもいいですか？　　　　Je (　　　　　　　) fumer ?

5)　君は今晩早く帰宅しなければならない。　Tu (　　　　　　　) rentrer tôt ce soir.

6)　フランス語を勉強したいですか？　　　Vous (　　　　　　　) étudier le français ?

**4.** 以下の語を並びかえて、文章を完成させましょう。

1)　est / intéressant / visiter / les / de / musées /

Il _____

2)　de / vient / prendre / douche / une /

Elle _____

3)　faut / en / parler / français / la / dans / classe /

Il _____

4)　vaut / mieux / la / à / maison / rester /

Il _____

5)　avec / est / les / entrer / interdit / d'/ chiens /

Il _____

6)　vous / devez / tôt / lever /

Vous _____

**5.** 音声を聞いて、それぞれの文にふさわしい絵を **a)** 〜**d)** から選びなさい。　🎧30

1)　　　　　2)　　　　　3)　　　　　4)

a)　　　　　　　　b)　　　　　　　　c)　　　　　　　　d)

## Parlez de vous !

**1.** 以下の質問に答え、二人組で会話しましょう。

1. Qu'est-ce que vous allez faire ce soir, après les cours ?

2. Aujourd'hui, vous devez faire un petit boulot ?

3. Vous devez parler en français maintenant ?

4. Vous savez parler français ?

5. Vous savez parler chinois ?

6. Vous pouvez fumer dans la classe ?

7. Vous savez conduire ?

8. Qu'est-ce que vous voulez faire pendant les grandes vacances ?

9. Vous voulez aller en France ?

10. Ce soir, vous allez rentrer chez vous vers quelle heure ?

**2.** 美樹にならって、夏休み（あるいは冬休み）の予定について話してみましょう。

**Expressions**　　休暇に行くなら…

« L'étranger »

| | | | | | |
|---|---|---|---|---|---|
| Angleterre (f) | イギリス | Allemagne (f) | ドイツ | Belgique (f) | ベルギー |
| Espagne (f) | スペイン | Italie (f) | イタリア | Pays-Bas (m.pl.) | オランダ |
| États-Unis (m.pl.) | アメリカ | Chine (f) | 中国 | Australie (f) | オーストラリア |
| Thaïlande (f) | タイ | Corée (f) | 韓国 | Russie (f) | ロシア |

« Les sites touristiques »

la mer 海　　　la montagne 山　　　la campagne 田舎　le parc d'attraction 遊園地
la forêt 森　　　le lac 湖　　　　　le centre commercial ショッピングセンター

# 自己紹介してください

## A

### Pouvez-vous vous présenter, s'il vous plaît ?

Bonjour ! Je m'appelle Mehdi. Je suis actuellement[1] en troisième année de licence[2] à l'université de Cergy-Pontoise : j'étudie les relations internationales[3] et les langues étrangères (anglais, italien et japonais). L'université de Cergy-Pontoise se situe dans le département du Val-d'Oise[4], au nord de Paris. J'habite dans ce département, l'université est donc[5] proche de chez moi. C'est assez[6] pratique !

---

1) 現在　2) 大学3年生：licence は学士課程　3) 国際関係　4) ヴァル・ドワーズ県　5) したがって
6) かなり、ずいぶん

### Qu'est-ce que vous aimez faire quand vous avez du temps ?

Lorsque[7] j'ai du temps libre[8], j'aime bien me reposer chez moi. J'écoute de la musique et je regarde des vidéos sur Internet. De plus[9], j'aime aller au cinéma et sortir dîner avec mes amis. De temps en temps, il m'arrive de[10] faire du sport.

---

7) ～のとき　8) temps libre：自由時間　9) さらに　10) il m'arrive de ＋不定詞：～することがある

### Qu'est-ce que vous faites le week-end ?

Le week-end, je dors[11] beaucoup. Le samedi, je travaille au café, de 16h à 21h. C'est un café franco-japonais, et beaucoup de mes collègues[12] sont japonais. J'aime bien ce travail. Le dimanche, je ne travaille pas. Donc, en général, je vais voir des amis. Actuellement c'est l'hiver et il fait froid. Du coup[13], il m'arrive simplement de rester chez moi, parce que je n'ai pas envie de[14] sortir.

---

11) dors：dormir 眠る　12) 仕事仲間　13) そのため、だから　14) avoir envie de ＋不定詞：～したい

### Qu'est-ce que vous faites pendant les grandes vacances[15] ?

En France, les grandes vacances sont assez longues[16]. À l'université, elles sont très longues: à partir de mi[17]-mai jusqu'à mi-septembre ! En général[18], je profite[19] des grandes vacances pour[20] faire beaucoup de sport, pour sortir avec des amis, et pour voyager[21] avec ma famille. J'aime beaucoup cette période[22] de l'année.

---

15) 長期休暇　16) 長い　17) ～中旬　18) 一般的に、たいてい　19) profiter de：～を利用する
20) pour ＋動詞の原形：～するために　21) 旅行する　22) 期間

23

## Pouvez-vous vous présenter, s'il vous plaît ?

Je m'appelle Marie, et je suis actuellement en deuxième année de licence à l'université Paris-Sorbonne : j'étudie la littérature française, et je m'intéresse aussi à la littérature japonaise. J'habite au centre de[1] Paris, près de la Gare Montparnasse. C'est un quartier très animé et très pratique (mais un peu bruyant[2] !) : il y a beaucoup de magasins ouverts[3] jusqu'à très tard !

---

1) 〜の中央に　2) うるさい　3) 開店している（⇔ 閉店している fermé）

## Qu'est-ce que vous faites le week-end ?

Il m'arrive de travailler de temps en temps même le week-end, mais je vais toujours me promener un moment dans les rues[4] de Paris ou à la campagne[5]. Je vois mes amis dans la journée : nous allons au restaurant ou au cinéma. J'aime improviser[6] le programme de la journée.

---

4) 通り　5) 田舎　6) 気ままに〜する

## Qu'est-ce que vous aimez faire quand vous avez du temps ?

J'aime voir mes amis et passer du temps avec eux. J'aime aussi découvrir[7] de nouvelles[8] choses[9] : des livres d'écrivains, des expositions[10] d'art. Je passe beaucoup de[11] temps dans les librairies[12] : je choisis[13] un livre de littérature pour le[14] lire dans un café. Mais j'aime aussi ne rien faire et flâner[15] dans Paris. Quand il fait beau, j'aime regarder les fleurs dans les jardins parisiens. C'est l'occasion[16] de profiter du moment[17] présent[18].

---

7) 発見する　8) 新しい　9) 物　10) 展覧会　11) beaucoup de 〜：多くの〜　12) 本屋　13) choisir：選ぶ
14) le：代名詞（＝前出の《 un livre 》を受ける）　15) きままに散策する　16) 機会　17) ひととき　18) 今の

## Pendant les grandes vacances, qu'est-ce que vous faites ?

Pendant les grandes vacances, je nage dans la mer en France ou à l'étranger[19]. Je pars quelques jours dans une ville d'Europe : à Gênes en Italie, à Barcelone en Espagne, à Genève en Suisse. Je fais aussi des randonnées[20] en montagne[21] dans les Alpes. Je profite des beaux jours pour faire du vélo à la campagne. Et je passe beaucoup de temps avec ma famille. Après les vacances, je me remets au travail[22] et je passe de longues journées à la bibliothèque[23].

---

19) 外国　20) 登山　21) 山　22) se remettre à 〜：〜を再開する　23) 図書館

# 過去について話す（1）

Je suis partie pour la France le vingt-sept juillet et je suis arrivée à Paris (33) l'après-midi du même jour. Avant de prendre le train pour aller à Tours, je suis restée une nuit à Paris. J'ai laissé ma valise dans ma chambre d'hôtel et je suis sortie en ville. Je me suis promenée au bord de la Seine. J'ai vu la tour Eiffel et j'ai visité la cathédrale Notre-Dame. Puis, j'ai fait du shopping dans le quartier du Marais. Ensuite, j'ai dîné dans un petit restaurant français : j'ai goûté à la cuisine bourguignonne et j'ai aussi bu du vin de cette région. Après le dîner, j'ai pris un Bateau-Mouche pour découvrir la magie de Paris de nuit. Je suis rentrée très tard à mon hôtel. J'ai écrit mon journal (en français !) et je me suis couchée vers minuit.

▶ 内容読解：○×をつけましょう。◀

1. 美樹は7月28日に日本を出発し、同日午後にパリに到着した。　　（　　　）
2. 美樹はパリに二泊した。　　（　　　）
3. ホテル到着後、セーヌ河岸を散歩した。　　（　　　）
4. 夕食にはフランスの郷土料理を味わった。　　（　　　）
5. 夕食後はバスでのパリツアーに参加した。　　（　　　）
6. ホテルには早めに帰った。　　（　　　）

＊文中で用いられている複合過去を用いた表現を抜き出し、原形を書きましょう。

| 複合過去 | 原形 | 複合過去 | 原形 |
|---|---|---|---|
| 1)　je suis partie | partir | 2) | |
| 3) | | 4) | |
| 5) | | 6) | |
| 7) | | 8) | |
| 9) | | 10) | |
| 11) | | 12) | |
| 13) | | 14) | |
| 15) | | 16) | |

**Expressions**　　時の表現「過去」

| | | |
|---|---|---|
| hier 昨日 | hier soir 昨晩 | avant-hier 一昨日 |
| il y a trois jours 3日前 | il y a trois semaines 3週間前 | il y a trois ans 3年前 |
| la semaine dernière 先週 | le mois dernier 先月 | l'an dernier (l'année dernière) 昨年 |
| lundi dernier 先週の月曜日 | samedi dernier 先週の土曜日 ← 「曜日」の場合は無冠詞！ | |
| tout à l'heure さっき | | |

**1.** 直説法複合過去形

<用法> 過去のある時期に「完了した」行為をあらわします。

1) 他動詞：「**avoir** の現在形＋過去分詞（性数変化なし）」→表 1) **chanter** を参照

2) 移動を示す自動詞 ＊：「**être** の現在形＋過去分詞（性数変化あり）」→表 2) **aller** を参照

   ＊ venir: 来る / partir : 出発する / arriver : 到着する / sortir: 出かける / entrer : 入る / rester: 滞在する、等。

3) 代名動詞：「**être** の現在形＋過去分詞（性数変化あり ＊）」→表 3) **se lever** を参照

   ＊再帰代名詞 (se) が間接目的語の時は性数変化なし：Elles se sont téléphoné. / Elle s'est lavé les mains.

| 1) chanter | | | 2) aller | | | 3) se lever | | | |
|---|---|---|---|---|---|---|---|---|---|
| j' | ai | | je | suis | allé(e) | je | me | suis | levé(e) |
| tu | as | | tu | es | allé(e) | tu | t' | es | levé(e) |
| il | a | | il | est | allé | il | s' | est | levé |
| elle | a | chanté | elle | est | allée | elle | s' | est | levée |
| nous | avons | | nous | sommes | allé(e)s | nous | nous | sommes | levé(e)s |
| vous | avez | | vous | êtes | allé(e)(s) | vous | vous | êtes | levé(e)(s) |
| ils | ont | | ils | sont | allés | ils | se | sont | levés |
| elles | ont | | elles | sont | allées | elles | se | sont | levées |

**2.** 過去分詞の作り方　　　　　　＜不規則変化をする過去分詞の代表例＞

| « er » で終わる動詞 ： « é » |
| chanter ⇒ chanté |
| aller ⇒ allé |
| manger ⇒ mangé |
| « ir » で終わる動詞 ： « i » |
| finir ⇒ fini |
| partir ⇒ parti |
| ＊例外：venir → venu |

| avoir | ⇒ | eu |
| être | ⇒ | été |
| faire | ⇒ | fait |
| prendre | ⇒ | pris* |
| naître | ⇒ | né |
| lire | ⇒ | lu |
| boire | ⇒ | bu |
| écrire | ⇒ | écrit |

＊ prendre を含む語は同じ変化
comprendre ⇒ compris
apprendre ⇒ appris

**3.** 複合過去の否定文：助動詞のみを **ne (n')** と **pas** ではさみます。

Je **n'**ai **pas** fait le ménage.　　　Il **n'**a **pas** pris le train.

Elle **n'**est **pas** allée à Osaka.　　Ils **ne** se sont **pas** levés.

＊よく使う否定表現： « ne...jamais : 一度も～ない » / « ne...pas encore : まだ～ない »

　　Tu es **déjà** allé en France? — Non, je **n'**y suis **jamais** allé.

　　Vous avez **déjà** déjeuné ? — Non, je **n'**ai **pas encore** déjeuné.

**4.** 複合過去の倒置疑問文：主語と助動詞を倒置し、過去分詞の位置はそのままです。

Vous avez visité la France ? ⇒ Avez-vous visité la France ?

Elle est allée en France ? ⇒ Est-elle allée en France ?

Vous vous êtes couché(e) tard ? ⇒ Vous êtes-vous couché(e) tard ?

Il a pris le train ? ⇒ A-t-il pris le train ? Elle a fait la cuisine ? ⇒ A-t-elle fait la cuisine ?

　　　　　　　　　　　　　　　—— « t » に注意！ ——

**5.** 複合過去を用いた文章における「副詞」の位置：過去分詞の「前」に置きます。

Je mange beaucoup. ⇒ J'ai ~~mangé beaucoup~~. ⇒ J'ai **beaucoup** mangé.

Tu dors bien. ⇒ Tu as ~~dormi bien~~. ⇒ Tu as **bien** dormi.

Je m'amuse bien. ⇒ Je me suis ~~amusé(e) bien~~. ⇒ Je me suis **bien** amusé(e).

## Entraînez-vous !

**1.** 以下の動詞を複合過去に活用させましょう。

| danser | sortir | se coucher |
|---|---|---|
| je | je | je |
| tu | tu | tu |
| il | il | il |
| elle | elle | elle |
| nous | nous | nous |
| vous | vous | vous |
| ils | ils | ils |
| elles | elles | elles |

**2.** 次の文章を複合過去に直し、さらに、**a)** 否定文、**b)** 倒置疑問文に直しましょう。

1) Vous prenez le train. ⇒ 複合過去）

   a) _____  b) _____

2) Elle part pour Paris. ⇒ 複合過去）

   a) _____  b) _____

3) Ils vont à Kyoto. ⇒ 複合過去）

   a) _____  b) _____

4) Elle se lève à 7h. ⇒ 複合過去）

   a) _____  b) _____

5) Tu dors bien. ⇒ 複合過去）

   a) _____  b) _____

**3.** 以下の文章が答えとなる疑問文を作りなさい：« **vous** » を主語にすること。

1) Oui, je suis déjà allée en France. _____

2) Non, je n'ai pas encore déjeuné. _____

3) Ce matin, j'ai fait du sport. （下線部を問う疑問文に）_____

4) Cet été, je suis allé aux États-Unis. （下線部を問う疑問文に）_____

5) Je me suis levé à huit heures. （下線部を問う疑問文に）_____

**4.** 音声を聞いて、与えられた動詞を活用させて、文章を完成させましょう。 🎧35
また、該当する時制を○で囲んでください。

例） danser : J'ai dansé.　　現在形 ／ 複合過去形

1) chanter : _____　　現在形 ／ 複合過去形

2) manger : _____　　現在形 ／ 複合過去形

3) faire : _____ la cuisine.　　現在形 ／ 複合過去形

4) travailler : _____　　現在形 ／ 複合過去形

5) faire : Qu'est-ce que _____ ?　　現在形 ／ 複合過去形

**1.** 以下の質問に答え、二人組で会話しましょう。

1. Ce matin, vous vous êtes levé(e) à quelle heure ?

2. Vous avez pris le petit déjeuner ?

3. Qu'est-ce que vous avez mangé au petit déjeuner ?

4. Qu'est-ce que vous avez bu comme boisson ?

5. Vous êtes parti(e) de chez vous à quelle heure ?

6. Vous êtes arrivé(e) à l'université à quelle heure ?

7. Hier, vous êtes allé(e) à l'université ?

8. Vous avez eu combien de cours ?

9. Hier soir, qu'est-ce que vous avez fait ?

10. Vous vous êtes couché(e) à quelle heure ?

11.  Vous avez dormi combien d'heures ?

12. Vous êtes déjà allé(e) en France ?

**2.** 美樹にならって、この週末（この夏休み）にしたことを話しましょう。

---

👤 **Expressions**　時の表現：「現在の文脈」∨「過去の文脈」

| 「現在」の文脈 | | ⇒ | 「過去」の文脈 | |
|---|---|---|---|---|
| aujourd'hui | 今日 | ⇒ | ce jour- là | その日 |
| hier | 昨日 | ⇒ | la veille | その前日 |
| demain | 明日 | ⇒ | le lendemain | その翌日 |
| maintenant | 今 | ⇒ | à ce moment-là | そのとき |
| ce matin | 今朝 | ⇒ | ce matin-là | その日の朝 |

# 過去について話す (2)

Quand j'étais petite, mon père allait souvent en France pour son travail, à Paris, à Dijon et à Nice. Et à son retour, il nous parlait gaiement de son voyage. Il nous achetait des souvenirs : des macarons de chez Ladurée, de la moutarde de Dijon, un sac de chez les Olivades, etc. La France était ainsi déjà très proche de moi, mais à seize ans, j'ai fait une rencontre très importante : j'ai lu un roman de Victor Hugo, *Les Misérables*. Vous avez sans doute vu le film du même titre, n'est-ce pas ? En effet, j'ai eu un coup de foudre pour Jean Valjean, un héros de ce roman. Vous le connaissez ? Mais qu'est-ce qu'il était courageux ! Il a connu beaucoup de difficultés, mais il n'a jamais perdu espoir. Je voulais lire ce roman en français, sans traduction. Voilà pourquoi je me suis décidée à apprendre le français à l'université.

▶ 内容読解：○×をつけましょう。◀

1）美樹が幼いころ、彼女の父はフランスによく観光旅行に出かけた。　（　　　）
2）美樹はフランスのお菓子や雑貨を通してフランス文化を知った。　（　　　）
3）美樹がフランスの小説を読んだのは 15 歳の時だ。　（　　　）
4）美樹は小説の主人公にひとめぼれした。　（　　　）
5）美樹は翻訳なしで、この小説を読みたいと思った。　（　　　）

**Expressions**　　感嘆文：「なんと〜でしょう！」

感嘆文には 3 つのかたちがあります。

「なんて暑いのでしょう！」
1. Qu'est-ce que ＋主語＋動詞 : Qu'est-ce qu'il fait chaud !
2. Comme ＋主語＋動詞 : Comme il fait chaud !
3. Quel (Quelle/ Quels/ Quelles) ＋ 無冠詞名詞 : Quel chaleur !

「なんてイケメンなの！」
1. Qu'est-ce qu'il est beau !　/ 2. Comme il est beau !　/ 3. Quel beau garçon !

## 37 1. 直説法半過去形

| chanter | | | |
|---|---|---|---|
| je | chantais | nous | chantions |
| tu | chantais | vous | chantiez |
| il / elle | chantait | ils / elles | chantaient |

語尾変化はすべての動詞に共通！

＊語幹の見つけ方：nous に対する活用から ons を外す。　⇒＊«être» の語幹は例外的に «ét»

| chanter（er動詞） | nous chantons | aller | nous allons |
|---|---|---|---|
| finir（ir動詞） | nous finissons | faire | nous faisons |
| avoir | nous avons | prendre | nous prenons |

| j | étais | nous | étions |
|---|---|---|---|
| tu | étais | vous | étiez |
| il / elle | était | ils / elles | étaient |

<直説法半過去の用法>

1. 過去における状況・継続的行為をあらわす。

   Cet été, il faisait très chaud. 今年の夏は、とても暑かった。

   Avant, il y avait beaucoup de magasins près de la gare. 以前は駅のそばにたくさん店があった。

2. 過去における習慣をあらわす。

   À cette époque, j'allais souvent à la mer. 当時はよく海へ行ったものだ。

   Enfant, je me couchais très tôt. 幼い頃は早く寝ていたものだ。

   <複合過去との違い：複合過去は 点 ・半過去は 線 >

   複合過去が 出来事 を示すのに対して、半過去は出来事の背景・状況を示します。

   Quand je me suis réveillé , il pleuvait. 目が覚めた 時、雨が降っていた。

   Quand il est rentré chez lui , sa femme faisait la cuisine. 彼が帰宅した 時、妻は料理をしていた。

   ⇒どちらが正しい？ « Pendant un an, j'ai habité à Paris. » / « Pendant un an, j'habitais à Paris. »

   ＊過去のある時点に完了している事柄をあらわす場合は、「直説法大過去」を用います。

   　大過去⇒「助動詞 (avoir / être) の直説法半過去＋過去分詞」（⇒Appendice 5「時制についての補足」）

## 2. 人称代名詞

| 主語 | 直接目的語 | 間接目的語 | 主語 | 直接目的語 | 間接目的語 |
|---|---|---|---|---|---|
| je | me (m'*) | | nous | nous | |
| tu | te (t'*) | | vous | vous | |
| il | le (l'*) | lui | ils | les | leur |
| elle | la (l'*) | | elles | | |

＊続く動詞が母音で始まる場合：Tu me m'aimes ? Je te t'aime. Elle le l'aime. Il la l'aime.

人称代名詞の位置：動詞の「前」におきます！

<直接目的語> : Tu connais Kenta ? — Oui, je le connais. / Non, je ne le connais pas.

<間接目的語 (à ～)> : Tu écris à Kenta ? — Oui, je lui écris. / Non, je ne lui écris pas.

⇒ 間接目的語を取る動詞の例：téléphoner à / répondre à / offrir à / donner à など

（⇒命令文における人称代名詞の位置⇒ Appendice 3「命令形」参照）

## 3. 中性代名詞：« en » と « le » （⇒Appendice 4「中性代名詞en / y / le の総復習」参照）

**« en »** : 1) « de ＋場所 » : Michel vient de Paris ? — Oui, il en vient.

　　　　　2) « de ＋名詞 » : Il mange assez de viande ? — Oui, il en mange assez.

　　　　　3) « 不定冠詞・部分冠詞＋名詞 » に代わる : Tu bois du vin ? — Oui, j'en bois.

**« le »** : 1) 属詞に代わる : Vous êtes étudiant ? — Oui, je le suis.

　　　　　2) 文・節に代わる : Il est malade ? — Je ne le sais pas.

## Entraînez-vous !

**1.** 例に従って動詞の半過去形を作りなさい。

例）chanter : nous (chantions)

1) danser : je　（　　　　　　　　）　2) travailler : ils　（　　　　　　　　　　　　）
3) faire　 : elle （　　　　　　　　）　4) prendre　 : nous （　　　　　　　　　　　）
5) aller　 : tu　（　　　　　　　　）　6) avoir　　 : vous （　　　　　　　　　　　）

**2.** 文脈に合うように、語群から動詞を選び、正しく活用させなさい。

＊「複合過去」と「半過去」の使い分けに注意しましょう。

＜語群＞ **arriver / aller / avoir / être / rentrer / faire / prendre / téléphoner**

1) 美香がパリに行ったとき、彼女は 18 歳だった。
Quand Mika (　　　　　　　　　　) à Paris, elle (　　　　　　　　　　　) 18ans.
2) 彼が交通事故に遭ったとき、天気は悪かった。
Quand il (　　　　　　　　　) un accident, il (　　　　　　　　　) mauvais.
3) 彼女が大学に到着したとき、僕たちは授業を受けていた。
Quand elle (　　　　　　　　　) à la fac, nous (　　　　　　　　　) le cours.
4) 僕が美香に電話したとき、彼女はお風呂に入っていた。
Quand je (　　　　　　　　　) à Mika, elle (　　　　　　　　　) un bain.
5) 彼女が帰宅したとき、私はそうじをしていた。
Quand elle (　　　　　　　　) à la maison, je (　　　　　　　　) le ménage.
6) 子供のころ、よく山へ行ったものだ。
Quand nous (　　　　　　　) petits, nous (　　　　　　　　) souvent à la montagne.

**3.** (　　　　　) に適切な人称代名詞・中性代名詞 (**en, le, y**) を入れなさい。

1) Vous connaissez Monsieur Dupont ? — Non, je ne (　　　　　) connais pas.
2) Tu m'aimes ? — Oui, je (　　　　　) aime.
3) Elle téléphone souvent à ses parents ? — Non, elle ne (　　　　) téléphone pas souvent.
4) Qu'est-ce que tu offres à ton amie ? — Je (　　　　　) offre un bouquet de fleurs.
5) Vous m'avez répondu ? — Oui, je (　　　　　) ai répondu.
6) Il est intelligent ? — Oui, il (　　　　　) est.
7) Elle a besoin de ce livre ? — Oui, elle (　　　　　) a besoin.
8) Vous mangez des légumes ? — Oui, nous (　　　　　) mangeons beaucoup.
9) Hier, il y a eu accident à la gare. — Ah bon ? Je ne (　　　　) savais pas.
10) Il pense à son avenir ? — Oui, il (　　　　　) pense beaucoup.

**4.** 音声を聞いて、動詞を活用させ、文章を完成させましょう。該当する時制を○で囲んでください。 🎧38

例）danser : J'ai dansé.　　現在形／⟨複合過去形⟩／半過去

1) être : _____ petit.　現在形 ／ 複合過去形 ／ 半過去
2) visiter : _____ Paris.　現在形 ／ 複合過去形 ／ 半過去
3) faire : _____ du shopping.　現在形 ／ 複合過去形 ／ 半過去
4) faire : _____ du sport.　現在形 ／ 複合過去形 ／ 半過去
5) prendre : _____ une douche.　現在形 ／ 複合過去形 ／ 半過去

31

## Parlez de vous !

**1.** 以下の質問に答え、二人組で会話しましょう。

1.  Quel genre d'enfant étiez-vous ?

2.  Quel métier vouliez-vous faire quand vous étiez petit(e) ?

3.  Vous jouiez d'un instrument (du piano, par exemple) ?

4.  Vous pratiquiez un sport ?　Vous faisiez de la natation, par exemple ?

5.  Vous appreniez les langues étrangères (l'anglais, par exemple) ?

6.  Quand vous étiez lycéen (lycéenne), qu'est-ce que vous faisiez comme club ?

7.  Vous aviez du succès auprès des filles (des garçons) ?

8.  Vous téléphonez souvent à votre père ?

9.  Vous téléphonez souvent à vos ami(e)s ?

10.  Pour Noël, est-ce que vous offrez quelque chose à vos proches (parents, amis) ?

11.  Pour la Saint Valentin, vous offrez du chocolat à vos proches ? À qui ?

**2.** 自由にテーマを選び、複合過去と半過去を用いて文章を作ってください。

例）初恋の思い出、子供の頃の思い出、中・高の修学旅行の思い出、などなど。

## Leçon 8　状況を説明する

Le lendemain après-midi, je suis partie de Paris pour Tours. Quand je suis arrivée (39) à la gare de Tours, il faisait déjà nuit. En descendant du train, j'ai commencé à angoisser. Mais à ce moment-là, j'ai entendu une voix forte qui m'appelait par mon prénom : « Miki, Miki ! Bienvenue en France ! » À ma grande surprise, Monsieur et Madame Dupont m'attendaient sur le quai ! « Vous n'êtes pas fatiguée ? » Monsieur Dupont m'a posé cette question en souriant, et je lui ai répondu : « Si, je suis un peu fatiguée, mais ça va ! Merci d'être venus me chercher. C'est très gentil ! » Monsieur et Madame Dupont habitaient dans une maison située à cinq minutes à pied de la gare. Ils avaient un vieux chien qui dormait toute la journée et des oiseaux qui chantaient d'une belle voix. Pour notre première soirée, nous avons dîné dans un restaurant où ils allaient souvent. Nous avons mangé des galettes et bu aussi du cidre. Ce sont des spécialités régionales de Bretagne que je voulais manger depuis longtemps. Comme c'était délicieux ! Dans une atmosphère tout à fait conviviale, nous nous sommes bien amusés à faire connaissance.

▶ 内容読解：○×をつけましょう。◀

1．デュポン夫妻は美樹をToursの駅まで迎えにきていた。　　　　（　　　）
2．Toursに着いたとき、美樹はまったく疲れていなかった。　　　（　　　）
3．デュポン夫妻の家は駅から遠かった。　　　　　　　　　　　　（　　　）
4．デュポン夫妻の犬はいつも吠えていた。　　　　　　　　　　　（　　　）
5．Toursに到着した日の夕食はデュポン夫人が料理をふるまった。（　　　）

＊文中で用いられている複合過去形は○で囲み、半過去には波線、現在分詞（ジェロンディフ）には二重線を引いてください。

---

### ♥ Expressions　　頻度をあらわす表現

toujours いつも　　souvent しばしば　　de temps en temps 時々　　rarement たまに
ne...jamais 決して～ない
《 tout / toute ～：～中ずっと 》
toute la journée 1日中　　toute la semaine 1週間ずっと
《 tous les ～：毎～ 》
tous les jours 毎日　　tous les lundis 毎週月曜日　　tous les week-ends 毎週末
《 ～ fois par ～：～につき～回 》
une fois par semaine 週1回　　deux fois par mois 月2回　　trois fois par an 年3回

33

**1.** 現在分詞：＜作り方＞ **nous** の現在形活用から **ons** を取り **« ant »** を付ける。

| | | |
|---|---|---|
| chanter | nous chant~~ons~~ | ⇒ chant**ant** |
| faire | nous fais~~ons~~ | ⇒ fais**ant** |
| prendre | nous pren~~ons~~ | ⇒ pren**ant** |

| 例外 | |
|---|---|
| être | ⇒ étant |
| avoir | ⇒ ayant |
| savoir | ⇒ sachant |

    1) 名詞や代名詞を修飾します：Qui est la fille dansant là-bas ?

    2) 分詞節として、理由・条件・譲歩を示します：Étant fatigué, il s'est couché tôt.

**2.** ジェロンディフ：**« en ＋現在分詞 »**

主節の主語を修飾し、同時性・原因・理由・条件、手段、対立、譲歩などをあらわします。

    Elle se promène en chantant. (同時性)

    En travaillant beaucoup, il n'a pas réussi à l'examen. (対立)

    ＊同時性・対立を強調したいときは、« tout » を前につける：Tout en travaillant....

    → 「ジェロンディフ」の主語は、置かれる位置にかかわらず、常に主節の主語に一致します。

        En sortant du magasin, Miki a rencontré Kenta.

        Miki a rencontré Kenta en sortant du magasin. 美樹がこの店を出たとき、健太に会った。

        → en sortant de ce magasin の主語は、常に Miki。

    ⇔ 「現在分詞」は、置かれる位置によって、修飾する名詞が異なります。

        Sortant de ce magasin, Miki a rencontré Kenta. 美樹はこの店から出てくるとき、健太に会った。

        → « sortant de ce magasin » は、直後の Miki を修飾。

        Miki a rencontré Kenta sortant de ce magasin. 美樹はこの店から出てくる健太に会った。

        → « sortant de ce magasin » は、直前の Kenta を修飾。

**3.** 関係代名詞

    1) qui：主語（人でも物でもよい）を受ける。

        J'ai un ami. Il parle français. ⇒ J'ai un ami qui parle français.

    2) que：目的語（人でも物でもよい）を受ける。

        Voici le livre. J'ai acheté ce livre hier. ⇒ Voici le livre que j'ai acheté hier.

        ＊過去分詞は先行詞の性数に一致します！

        ⇒ Voici la robe. J'ai acheté cette robe hier. ⇒ Voici la robe que j'ai achetée.

    3) dont：**« de ＋名詞 »** を受ける。

        Voici le livre. On parle souvent de ce livre. ⇒ Voici le livre dont on parle souvent.

        J'ai un ami. Le père de cet ami est professeur. ⇒ J'ai un ami dont le père est professeur.

    4) où：時※・場所を表す語を受ける。（※「時」をたずねる « quand » は関係代名詞ではありません！）

        J'ai visité la ville. Il est né dans cette ville. ⇒ J'ai visité la ville où il est né.

        Je me souviens du jour. J'ai rencontré Michel à ce jour.

        ⇒ Je me souviens du jour où j'ai rencontré Michel.

**4.** 強調構文

| 主語の強調：**C'est (ce sont\*) ... qui +** | 主語以外の強調：**C'est (ce sont\*) ... que** |
|---|---|
| C'est moi qui invite Jean ce soir. | C'est Jean que j'invite ce soir. |
| qui に続く動詞：強調された主語に応じて活用 | C'est ce soir que j'invite Jean. |
| ⇒ C'est toi qui invites Jean. / Ce sont elles qui invitent Jean. | |

    ＊くだけた会話表現では、« C'est 複数名詞・三人称複数代名詞 ＋qui / que » が用いられることもある。

      → C'est eux / elles qui invitent. / C'est elles que Jean invite. / C'est des fleurs que j'adore.

## Entraînez-vous !

**1.** [ 　 ] の動詞を現在分詞に直し、文章を和訳しましょう。
1) Regardez le garçon (　　　　　　　　　　) [bavarder] avec Mika.
和訳) _____
2) J'ai rencontré une jolie fille (　　　　　　　　) [porter] une robe blanche.
和訳) _____
3) (　　　　　　　　　) [être] malade, elle est restée à la maison.
和訳) _____
4) (　　　　　　　　　) [avoir] assez d'argent, il voyage beaucoup.
和訳) _____

**2.** [ 　 ] の動詞をジェロンディフに直し、文章を和訳しましょう。
1) Elle travaille (　　　　　　　　　) [écouter] de la musique.
和訳) _____
2) (　　　　　　　　　) [prendre] le métro, tu seras à l'heure.
和訳) _____
3) Il a maigri, (　　　　　　　　) [faire] du sport.
和訳) _____
4) (　　　　　　　　) [travailler] beaucoup, il gagne peu.
和訳) _____

**3.** 関係代名詞を用いて 2 つの文を一つにしなさい。
1) Voici mes amies françaises. Elles parlent très bien japonais.
_____
2) Je te montre les chaussures. J'ai acheté ces chaussures hier.
_____
3) Elle m'a donné les informations. J'avais besoin de ces informations.
_____
4) C'est le restaurant français. Nous déjeunons dans ce restaurant demain.

**4.** 与えられた主語に続けて、[ 　 ] の中の語群を正しく並べかえましょう。
1) [sont / amis / qui / mes / préparent / dîner / le].
Ce _____
2) [est / qui / toi / as / m' / téléphoné] ?
C' _____
3) [fait / en / la / de / écoutant / sport / musique / du].
Il _____
4) [pas / n' / toi / est / qu' / aime / elle].
Ce _____

**5.** 音声を聞いて、(　　) に関係代名詞 (**qui, que, où, dont**) を入れましょう。また、[ 　 ] には、与えられた動詞を正しく活用させてください。
1) J'ai une amie (　　　　　　) [　　　　　　　　] (s'appeler) Marie.
2) Ce sont les sacs (　　　　　) j' [　　　　　　　] (acheter) hier.
3) Voici l'actrice (　　　　　) nous [　　　　　　　] (parler) ce matin.
4) J'ai visité la campagne (　　　　　) il [　　　　　　　] (habiter) avant.

**Parlez de vous !**

**1. 以下の質問に答え、二人組で会話しましょう。**

1. Vous regardez souvent votre smartphone en marchant ?
   .......................................................................................................................

2. En général, qu'est-ce que vous mangez en regardant la télé ?
   .......................................................................................................................

3. C'est vous qui avez choisi votre smartphone ?
   .......................................................................................................................

4. C'est vous qui payez les frais de smartphone ?
   .......................................................................................................................

5. C'est vous qui avez payé les frais d'inscription universitaire ?
   .......................................................................................................................

6. C'est vous qui avez acheté votre sac ?
   .......................................................................................................................

7. En général, c'est vous qui faites la cuisine chez vous ?
   .......................................................................................................................

8. Vous apportez un bento pour le déjeuner ? C'est vous qui le préparez ?
   .......................................................................................................................

**2. 関係代名詞 qui, que, où, dont を使って、身の回りにあるもの（語群から４つ選ぶ）を説明してください。**

＜例＞ C'est le français [que nous étudions maintenant.]

＜語群＞

| かばん | sac (m) | ズボン | pantalon (m) | スカート | jupe (f) |
| --- | --- | --- | --- | --- | --- |
| スマホ | smartphone (m) | 本 | livre (m) | 靴 | chaussures (f.pl.) |
| カフェ | café (m) | 駅 | gare (f) | 友達 | ami (e)(s) |

qui を使った文章： ..........................................................................................

que を使った文章： ..........................................................................................

où を使った文章： ..........................................................................................

dont を使った文章： ..........................................................................................

# 比較する

Mon séjour en France est merveilleux. Ce sera sans doute un des meilleurs souvenirs de ma vie. J'ai bien fait de venir en France ! Grâce à ce voyage, j'ai commencé à comprendre pourquoi ce pays est aimé de tout le monde : les villes sont très belles, la cuisine est délicieuse, les Français sont pleins de charme. Je pense qu'ils connaissent mieux « l'art de vivre » que les Japonais. Mais la vie en France est de temps en temps moins pratique qu'au Japon. Par exemple, il existe peu de supérettes ouvertes 24h sur 24, 7 jours 7, et beaucoup de magasins sont fermés les dimanches et les jours fériés. Par ailleurs, la sécurité des grandes villes comme Paris ou Lyon est moins assurée qu'au Japon : il faut donc faire attention aux pickpockets dans la rue et dans le métro ! Une autre chose : en France, il y a plus de grèves qu'au Japon. La SNCF par exemple, peut connaître, plusieurs fois par an, des grèves qui entrainent le retard, voire la suppression de certains trains. Alors, si vous comptez voyager en France, il faut bien surveiller les informations sur les grèves et sur le trafic.

▶ 内容読解：○×をつけましょう。◀

1．フランスにも24時間営業のコンビニがたくさんある。 （　　　）
2．フランスの多くの店は日祝日でも営業している。 （　　　）
3．フランスの大都市は日本と同じくらい安全だ。 （　　　）
4．フランスの地下鉄ではスリに注意したほうがいい。 （　　　）
5．フランスの国鉄では、ストによる遅延・運休がほとんどない。 （　　　）

## Expressions　　代表的なフランスの祝日

交通機関も祝日ダイヤです。旅行計画を立てる時には注意しましょう！
　1月　1日： le Jour de l'an（元旦）
　5月　1日： la Fête du Travail（メーデー）
　5月　8日： la Victoire du 8 mai 1945（1945年5月8日戦勝記念日）
　7月14日： la Fête nationale（革命記念日）
　8月15日： l'Assomption（聖母被昇天祭）
11月　1日： le Toussaint（諸聖人の日）
11月11日： l'Armistice de 1918（1918年休戦記念日）
12月25日： Noël（クリスマス）

＊移動祝日：Pâques「復活祭」の日を基準に算出する。
　Pâques（復活祭：春分以降、最初の満月の次の日曜日：2020年は4月12日）
　Lundi de Pâques（復活祭の翌月曜日：2020年は4月13日）
　Ascension（キリスト昇天祭：復活祭から40日目：2020年は5月21日）
　Lundi de Pentecôte（聖霊降臨祭（復活祭から50日目）の翌月曜日：2020年は6月1日）

**1.** 受動態：「**être** ＋ 他動詞の過去分詞（性数変化あり！）＋ **« par / de »** ＋ 動作主」

現在形：Kenta inivite Miki.（能動態）⇒（受動態）Miki est invitée par Kenta.

否定文：Miki n'est pas invitée par Kenta. 倒置疑問文：Miki est-elle inivitée par Kenta.

⇒時制変化は、« être » の部分で示します：

Miki a été invitée par Kenta. / Miki était invitée par Kenta. / Miki sera invitée par Kenta.

＊「〜によって」：« par / de »

par：具体的な出来事（招待されている、作られている、使われている、など）

Cet ordinateur est utilisé par Keiko. / Ce plat a été préparé par ma mère.

de：感情表現・継続的な状態（愛されている、尊敬されている、知られている、など）

Le professeur est aimé de tous les étudiants. / Ses parents sont connus de tout le monde.

**2.** 形容詞・副詞の比較級と最上級

1) 比較級：« plus / aussi / moins ＋形容詞・副詞＋ que »

|  | 形容詞 | 副詞 |
|---|---|---|
| 優等比較級 | Il est plus grand que moi. | Il parle plus vite que moi. |
| 同等比較級 | Il est aussi grand que moi. | Il parle aussi vite que moi. |
| 劣等比較級 | Il est moins grand que moi. | Il parle moins vite que moi. |

2) 最上級：« 定冠詞＋ plus / moins ＋形容詞・副詞＋（de / dans ＋範囲を示す表現）»

|  | 形容詞（定冠詞は性数変化） | 副詞（定冠詞は常に « le »） |
|---|---|---|
| 優等最上級 | Il est le plus grand de sa classe. | Il parle le plus vite de sa classe. |
|  | Elle est la plus grande de sa classe. | Elle parle le plus vite de sa classe. |
| 劣等最上級 | Il est le moins grand de sa classe. | Il parle le moins vite de sa classe. |

＜特殊な変化：形容詞 « bon (bonne) » と副詞 « bien »の「優等比較級」と「優等最上級」＞

|  | 形容詞：« Ce vin est bon. » | 副詞：« Il chante bien. » |
|---|---|---|
| 優等比較級 | Ce vin-ci est ~~plus~~ bon que ce vin-là. | Il chante ~~plus~~ bien que moi. |
|  | → meilleur | → mieux |
| 同等比較級 | Ce vin-ci est aussi bon que celui-là. | Il chante aussi bien que moi. |
| 劣等比較級 | Ce vin-ci est moins bon que celui-là. | Il chante moins bien que moi. |
| 優等最上級 | Ce vin est le meilleur de cette région. | Il chante le mieux de sa classe. |
|  | Cette tarte est la meilleure de ce magasin. | Elle chante le mieux de sa classe. |
| 劣等最上級 | Ce vin est le moins bon de cette région. | Il chante le moins bien de sa classe. |

3) 数量の比較：« plus »「より多く」：« autant »「同じくらい多く」：« moins »「より少なく」

|  | Il mange beaucoup. | Il a beaucoup de livres. |
|---|---|---|
| 優等比較級 | Il mange plus que moi. | Il a plus de livres que moi. |
| 同等比較級 | Il mange autant que moi. | Il a autant de livres que moi. |
| 劣等比較級 | Il mange moins que moi. | Il a moins de livres que moi. |
| 優等最上級 | Il mange le plus de sa classe. | Il a le plus de livres de sa classe. |
|  | Elle mange le plus de sa classe. | Elle a le plus de livres de sa classe. |
| 劣等最上級 | Il mange le moins de sa classe. | Il a le moins de livres de sa classe. |

**3.** 指示代名詞：語の繰り返しを避けるために使われます。

| *m.s.* | *f.s.* | *m.pl.* | *f.pl.* |
|---|---|---|---|
| celui | celle | ceux | celles |

Ce pain-ci est meilleur que celui-là.

Cette montre-ci est plus chère que celle-là.

Les fils de Paul et ceux de Marie. / Les filles de Paul et celles de Marie.

# Entraînez-vous !

**1.** 下線部の語を主語にして、文章を書き換えましょう。

1) Ken aime Mariko. _____

2) Jean lave ces vêtements. _____

3) Michel a écrit cette lettre. _____

4) Mes sœurs ont fait ces gâteaux. _____

5) Tout le monde connaît ce chanteur. _____

6) On a construit ce bâtiment en 1898. _____

**2.** 例にならって、比較級の文章に書きなおしましょう。

例) Il est grand. (> moi) → Il est plus grand que moi.

1) Ils sont grands. (< moi) _____

2) Elle court vite. (=lui) _____

3) Tu danses bien. (> elle) _____

4) Il fait chaud. (< hier) _____

5) Ce pain-ci est bon. (> ce celui-là) _____

6) Elle a beaucoup de sacs. (=moi) _____

**3.** 例にならって、最上級の文章に書きなおしましょう。

例) Il est grand. (優等：la classe) → Il est le plus grand de la classe.

1) Elle est grande. (劣等：la classe) _____

2) Elle parle vite. (優等：la classe) _____

3) Ils dansent bien. (優等：la classe) _____

4) Tu as beaucoup d'amis. (優等：la classe) _____

5) Ce fromage est bon. (優等：cette région) _____

6) Cette quiche est bonne. (劣等：ce magasin) _____

**4.** 音声を聞いて、対応する絵を **a)** ～ **c)** から選びましょう。 🎧42

1) 2) 3)

•        •        •


•        •        •

a)         b)         c)

**1.** あなた自身と、健太、美樹の三人を比較し、**1.**～**3.**の項目について 《 》 に与えらえた表現を用いて、比較級・最上級の文章をそれぞれ2つずつ作りましょう。

| | 健太 | 美樹 |
|---|---|---|
| 身長 | 173 cm | 157 cm |
| 起床の時間 | 8 :00 | 6 :30 |
| 今日の授業数 | 5コマ | 2コマ |

1.　身長：《 être grand(e) 》
　　比較　　1) _____
　　比較　　2) _____
　　最上級　1) _____
　　最上級　2) _____

2.　起床の時間：《 se lever tôt 》
　　比較　　1) _____
　　比較　　2) _____
　　最上級　1) _____
　　最上級　2) _____

3.　今日の授業数：《 avoir des cours 》
　　比較　　1) _____
　　比較　　2) _____
　　最上級　1) _____
　　最上級　2) _____

**2.** あなたが今住んでいる町と、これまで訪れたこと（住んだこと）のある町のひとつを選び、以下の表現に続けて様々な点で比較してください。

J'habite maintenant à ( 　　　　　 ), mais avant, j'ai visité (habité à) ( 　　　　 ).

La ville de ( 　　　　 ) est........................que celle de ( 　　　　 ).

**Expressions**　　町の特徴をあらわす形容詞

| | | | | | |
|---|---|---|---|---|---|
| grand(e) | 大きい | petit(e) | 小さい | peuplé(e) | 人口が多い | pratique | 便利な |
| calme | 静かな | animé(e) | 活気ある | bruyant(e) | うるさい | dangereux(se) | 危険な |
| modern(e) | 現代的な | rural(e) | 田舎の | doux (douce) | 穏やかな | dur(e) | 厳しい |

＊ Paris, Tokyo, Osaka などの都市名は、男性名詞なのか、女性名詞なのか、悩ましいところ。《 -e 》で終わる都市名（例：Genève）は女性名詞、それ以外（例：Paris, Lyon, Nancy）は男性名詞と扱われることが多いですが、例外もたくさんあります。疑わしい場合は、《 la ville de ~ 》を用いて、女性名詞として扱いましょう。

# Leçon 10　反省・願望を述べる

Comme le temps passe vite ! Mon séjour en France est presque fini. Après-demain, je pars pour le Japon. En faisant ma valise, j'ai commencé à être violemment rongée de regrets. Avant ce voyage, j'avais beaucoup de projets, mais en réalité, je n'ai pas pu tout faire. Si j'avais plus de temps, je visiterais plus de villes et de villages, et si j'avais plus d'argent, j'achèterais plus de jolies choses pour ma famille et mes amis. D'ailleurs, si j'étais capable de m'exprimer mieux en français, je pourrais avoir plus d'amis français, ou je pourrais même sortir avec un beau garçon français, par exemple… Ah, si je restais pour toujours ici en France ! Mais on regrette toujours après coup. Il faut donc que je revienne très bientôt dans ce beau pays ! En rentrant au Japon, je commencerai tout de suite un petit boulot pour gagner l'argent de mon prochain voyage ! Naturellement, je continuerai à étudier le français afin de mieux connaître la langue et la culture française !

▶ 内容読解：美樹の「後悔」について、具体的に 3 つ書き出してください。◀

1. もし、(　　　　　　　　　　) なら、(　　　　　　　　　　　　) のに。
2. もし、(　　　　　　　　　　) なら、(　　　　　　　　　　　　) のに。
3. もし、(　　　　　　　　　　) なら、(　　　　　　　　　　　　) のに。

## ❤ Expressions　　よく使う「つなぎ語」

| 起 | 「始めに」： | d'abord | avant toute chose | premièrement | | |
|---|---|---|---|---|---|---|
| 承 | 「それから」： | ensuite | et puis　et aussi　et alors　et après | d'ailleurs | en outre | |
| 転 | 「しかし」： | mais | cependant　pourtant | toutefois | au contraire | |
| 結 | 「したがって」： | donc | enfin　finalement | par conséquent | du coup | |
| 理由 | 「なぜなら」： | parce que | car　puisque | comme | | |
| 列挙 | 「のような」： | par exemple | comme | entre autres | tel(le)(s) que | |

41

# Grammaire

**1. 直説法単純未来形**

<語幹の例外>

| chanter | | être | **se-** : je serai | avoir | **au-** : j'aurai |
|---|---|---|---|---|---|
| je chanterai | nous chanterons | aller | **i-** : j'irai | faire | **fe-** : je ferai |
| tu chanteras | vous chanterez | venir | **viend-** : je viendrai | pouvoir | **pour-** : je pourrai |
| il/elle chantera | ils/elles chanteront | vouloir | **voud-** : je voudrai | savoir | **sau-** : je saurai |

<語幹> 不定形（原形）の語尾から r / re を取り去ったもの

étudier → étudie        finir → fini        prendre → prend

<用法>

実現可能な未来、話者の意志をあらわす。〈Si +直説法現在形（〜なら）、単純未来（〜しよう）〉

S'il fait beau demain, nous irons à la mer.　　明日晴れたら、海に行こう。

Si j'ai du temps ce soir, je te téléphonerai !　　今晩、時間があれば、電話するね。

＊未来のある時点に完了している事柄をあらわす場合は「直説法前未来形」を用います。

⇒前未来形：「助動詞 (avoir / être) の単純未来＋過去分詞」(⇒ Appendice 5「時制についての補足」)

**2. 条件法現在形**

| chanter | |
|---|---|
| je chanterais | nous chanterions |
| tu chanterais | vous chanteriez |
| il/elle chanterait | ils/elles chanteraient |

<語幹> 直説法単純未来と同じ（語尾：r +直説法半過去の語尾）

<用法>

1) 現在の事実に反する仮定：< Si +直説法半過去（〜なら）、条件法現在（〜するのに）>

S'il faisait beau, nous irions à la mer.　（どしゃぶりの日に）もし晴れていたら、海に行くのになぁ。

Si j'avais plus d'argent, je voyagerais à l'étranger.　もっとお金があれば、海外旅行をするのになぁ。

＊過去の事実に反する仮定：< Si +直説法大過去（〜だったら）、条件法過去（〜したのに）>

⇒条件法過去：「助動詞 (avoir / être) の条件法現在＋過去分詞」(⇒ Appendice 5「時制についての補足」)

2) 語調緩和：「〜したいのですが」「〜していただけますか」

Je voudrais réserver une chambre. / Pourriez-vous me téléphoner ce soir ?

**3. 接続法現在形**

| chanter | | être | | avoir | |
|---|---|---|---|---|---|
| je chante | nous chantions | je sois | nous soyons | j' aie | nous ayons |
| tu chantes | vous chantiez | tu sois | vous soyez | tu aies | vous ayez |
| il/elle chante | ils/elles chantent | il/elle soit | ils/elles soient | il/elle ait | ils/elles aient |

<語幹> 直説法現在形の三人称複数の語幹

＊例外：faire ⇒ « fass » : je fasse, tu fasses... / savoir ⇒ « sach » : je sache, tu saches...

aller ⇒ « aill » : j'aille, tu ailles… ⇒巻末の活用表で確認しましょう！

<用法>

1) 主節が主観的感情（疑い・願望・義務・感情）を示す場合：

Marie est malade. ⇒ Je doute que Marie soit malade.

Tu es gentille. ⇒ Je veux que tu sois gentille.

2) 最上級、またはそれに準じる表現が含まれている場合：

C'est l'hôtel que je connais bien.

⇒ C'est le meilleur hôtel que je connaisse.

3) 目的・譲歩・条件等を表す接続詞句のあと：

Parle plus lentement, pour que tout le monde te comprenne.

> 原則的に接続法は主節と従属節の主語が異なる場合に使われ、主語が同じ場合には使われない。
>
> Je suis triste que je sois malade.
> → je suis triste d'être malade.
> Je voudrais que je visite Paris.
> → Je voudrais visiter Paris.
> 例外：« bien que » / « quoique » など。
> Bien qu'il soit malade, il sort souvent.

## Entraînez-vous !

**1.** 文脈に応じて、（　）内の動詞を正しく活用させましょう。

1) 明日は晴れるだろう！
   Il (　　　　　　　) (faire) beau demain !

2) 明日、晴れたら、出かけよう！
   S'il (　　　　　　) (faire) beau demain, nous (　　　　　　　) (sortir).

3) （どしゃぶりの雨を見ながら）晴れていれば、出かけるんだけどなぁ。
   S'il (　　　　　　　) (faire) beau, nous (　　　　　　　) (sortir).

4) もっとお金があれば、パリに行くんだけど。
   Si j'(　　　　　　) (avoir) plus d'argent, je (　　　　　　) (visiter) Paris.

5) 今すぐ出発すれば、間に合うよ。
   Si tu (　　　　　　) (partir) tout de suite, tu (　　　　　　) (être) à l'heure !

6) 僕が君の立場なら、もっと勉強するだろうよ。
   Si je (　　　　　　) (être) à ta place, je (　　　　　　) (travailler) plus.

**2.** （　）に与えられた動詞を、文脈に従って書きかえましょう。

1) (être)　a) Je pense que tu (　　　　　　) malade.
　　　　　　b) Je doute que tu (　　　　　　) malade.

2) (aller)　a) Il faut que tu (　　　　　　) à l'hôpital.
　　　　　　b) J'espère que tu (　　　　　　) à l'hôpital.

3) (faire)　a) Je veux que tu (　　　　　　) de ton mieux demain.
　　　　　　b) J'espère que tu (　　　　　　) de ton mieux demain.

4) (savoir)　a) C'est l'étudiant qui (　　　　　　) parler chinois.
　　　　　　 b) C'est le seul étudiant qui (　　　　　　) parler chinois.

5) (avoir)　a) Il est certain que Miki (　　　　　　) beaucoup d'amis français.
　　　　　　b) Il est impossible que Miki (　　　　　　) beaucoup d'amis français.

**3.** 音声を聞いて、与えらえた動詞を活用させ、全文を和訳しましょう。 [47]

1) Si tu (　　　　　)[avoir] du temps, nous (　　　　　) [dîner] ensemble.
   和訳）

2) Si tu (　　　　　)[avoir] du temps, nous (　　　　　) [dîner] ensemble.
   和訳）

3) S'il (　　　　　)[faire] beau demain, j'(　　　　　) [aller] à la mer.
   和訳）

4) Je (　　　　　) [vouloir] que tu (　　　　　) [comprendre] ma position.
   和訳）

**Expressions**　　従属節（que 以下）に「接続法」をとる表現

| | | | | | |
|---|---|---|---|---|---|
| douter que | 〜を疑う | il faut que | 〜しなければならない | afin que | 〜するために |
| souhaiter que | 〜を願う | il vaut mieux que | 〜したほうがいい | avant que | 〜する前に |
| s'inquiéter que | 〜を心配する | il semble que | 〜らしい | bien que | 〜なのに |
| vouloir que | 〜を欲する | il est possible que | 〜ということがある | à moins que | 〜しない限り |

注）penser / croire / savoir は、否定文・疑問文（主節の主語が事実とは疑わしいとみなしている場合）は「接続法」を用います。

Je pense que Marie est malade. ⇒ Je ne pense pas que Marie soit malade.

**1.** 以下の質問に答え、二人組で会話しましょう。

1. S'il fait beau week-end, qu'est-ce que vous ferez ?

2. S'il pleut ce week-end, qu'est-ce que vous ferez ?

3. Si vous étiez millionnaire, qu'est-ce que vous feriez ?

4. Si vous n'étiez pas étudiant(e), qu'est-ce que vous feriez ?

5. Si vous étiez un animal, lequel seriez-vous ? (chat, chien, oiseau, etc ?) Pourquoi ?

6. Si vous deviez mourir demain, qu'est-ce que vous mangeriez pour votre dernier dîner ?

**2.** 大学に入る前、どんなことをしたいと思っていましたか？ それは予定通り進んでいますか？
後悔することはありますか？ 今後どうしていきたいですか？

# Lecture 2　フランス人に聞きました ♪

## あなたにとって日本とは?

### Comment avez-vous découvert le Japon ?

フランス人に「日本のイメージ」についてたずねると、いろんな意見が返ってきますが、それは年代によってかなり異なります。Texte 1 は 20 代の大学生によるもの、Texte 2 は 60 代の女性によるものです。読みくらべてみましょう。

**Texte 1**

Le Japon a toujours été un pays qui m'a intéressé. Lorsque j'étais plus jeune, je regardais beaucoup de dessins animés japonais et je lisais beaucoup de mangas. En effet, il y a beaucoup de jeunes gens qui s'intéressent au Japon en France. Les japonais très connus en France sont Hayao Miyazaki, Shinji Kagawa, Takeshi Kitano. On entend souvent : Kawaii, Konnichiwa, manga, origami, bonsai, sushis, maki, etc.. On aime beaucoup les sushis, maki, ramen, tempura. J'adore les sushis que j'ai découverts en France, j'ai découvert les udons et le curry japonais au Japon. Ce sont des plats que j'aime beaucoup.

À l'époque où j'étais au lycée, j'ai eu l'occasion d'aller au Japon pendant les vacances d'été. J'ai été impressionné par le Japon et par la culture japonaise. Après ce voyage, j'ai eu envie d'en apprendre plus sur ce pays. Ainsi, j'ai pu apprendre la langue japonaise au cours de mes études à l'université. Je n'ai pas eu trop de difficulté à l'oral, mais j'ai toujours beaucoup de difficulté à apprendre les kanjis, qui est l'une des choses les plus difficiles dans l'apprentissage de la langue japonaise.

En 2015, j'ai eu la chance d'effectuer un échange universitaire de 6 mois dans une université japonaise à Osaka. Je suis venu au Japon afin de pouvoir améliorer mon japonais. Je voulais aussi avoir une expérience étudiante dans une université japonaise.

Lorsque j'étais au Japon, je sortais tous les week-ends avec mes amis. Souvent, j'allais avec eux dans des izakayas et des bars pour manger et boire. C'était toujours très amusant, et je rencontrais beaucoup de gens. En été, j'allais parfois à la plage. Il m'arrivait aussi d'aller visiter des temples et des monuments historiques. C'était une expérience extrêmement enrichissante. J'adore Osaka et la région du Kansai et j'espère pouvoir y retourner très vite !

Durant les dernières grandes vacances, je suis retourné au Japon durant 2 mois pour effectuer un stage dans une petite entreprise française qui est installée à Osaka. C'est une entreprise qui exporte des vêtements japonais en Europe. J'ai beaucoup aimé ce stage car il m'a permis d'avoir une première expérience professionnelle au Japon.

À mon arrivée, j'étais émerveillé. Je pense que c'est un beau pays, et j'aime la vie japonaise. Il m'a été facile de m'y habituer. Le Japon, comme tout autre pays, n'est pas parfait. Mais je suis très satisfait de mon séjour. J'ai eu peu d'expériences amères, par contre, j'ai beaucoup de bons souvenirs. Le Japon me manque !

Comment une française qui ne connaît le Japon que par les livres, la télévision et le cinéma, perçoit-elle ce pays ?

Tout d'abord, j'ai 61 ans, c'est peut-être important pour me situer. Je pense que j'ai découvert le Japon quand j'étais petite à travers les livres et des histoires qui se passaient dans votre pays. Une terre si lointaine où, dans mon esprit d'enfant, les hommes étaient des samouraïs et les femmes vêtues de kimonos, vivant dans des maisons de bois et de papier. Tout ceci me semblait si mystérieux... Plus tard, à l'école, les pages sombres de l'histoire se sont gravées dans ma mémoire avec les évènements de Pearl Harbor et les kamikazes, les explosions nucléaires d'Hiroshima et de Nagasaki, des drames qui ont touché toute l'humanité.

Le Japon représente pour moi un pays très moderne symbolisé par la grande ville de Tokyo et ses trains à grande vitesse, et en même temps ce pays reste très fidèle à sa culture ancestrale. Toute cette culture est symbolisée par la paix des cerisiers en fleurs, la forme particulière des entrées des temples, la cérémonie du thé, l'art floral de l'Ikebana qui s'enseigne en France, le mont Fuji, les estampes japonaises, les théâtres Nô et Kabuki... D'ailleurs les empereurs du pays du soleil levant (tout comme la Reine d'Angleterre) sont la trace de cette tradition dans l'Histoire moderne.

Plus récemment, les films d'animation japonais (comme *Le Tombeau des lucioles*), les films, les mangas, les jouets pour enfants (les tamagotchis et Hello Kitty par exemple), le style de vêtements des lolitas, la mode avec Issey Miyake et les sushis ont été intégrés à notre culture française. Un de nos présidents de la République, Jacques Chirac, passionné par le Japon et en particulier par les combats de sumos, a beaucoup travaillé pour le rapprochement de nos deux pays.

Maintenant, grâce à l'information en temps réel, nous sommes avertis dès qu'un tremblement de terre a lieu ou qu'un typhon menace vos côtes, et la catastrophe de Fukushima a ému beaucoup de Français qui se sont sentis très concernés par ce drame. Grâce à Facebook, je découvre les quartiers des petites villes japonaises, en regardant les dessins réalistes de Ryota Hayashi, et en suivant le site de DozoDomo, je peux être au courant de l'actualité japonaise sans y être.

En résumé, le peuple japonais, de façon subjective, me semble digne et fier avec des valeurs de respect et aussi de discipline. Il garde un pied ancré dans le passé et en même temps regarde vers le futur... Un pied sur la belle île de Kyushu et l'autre dans le port de la baie de Tokyo.

# Appendices

# 疑問文について

**1.** 疑問文の３つの形：フランス語の疑問文には３つの形があります。

＊ 1)→ 3) の順で、より丁寧になります。

1) イントネーションによる疑問文： « Vous êtes japonais ? »

2) « est-ce que » を用いた疑問文： « Est-ce que vous êtes japonais ? »

注) 主語 が « il » / « elle » の場合：

Est-ce qu'il est japonais ? / Est-ce qu'elle est japonaise ? ⇒ « e » のエリズィオンに注意！

3) 倒置疑問文： « Êtes-vous japonais ? » ←主語と動詞を倒置し、ハイフンでつなぎます。

注1) 主語 « il » / « elle » と 母音で終わる動詞を倒置させる場合： « -t- » を入れます！

Il chante bien ? Chante-t-il bien ? / Elle a des enfants ? A-t-elle des enfants ?

注2) 主語が代名詞以外の場合、そのまま倒置できません！

Miki est étudiante ? → Est-Miki étudiante ? ⇒ Miki est-elle étudiante ?

Votre frère est étudiant ? → Est-votre frère étudiant ? ⇒ Votre frère est-il étudiant ?

＜練習＞ **a)** « est-ce que » を用いた疑問文、**b)**「倒置」の疑問文を作りましょう。

1. Vous aimez la France ?
   a) _____ b) _____

2. Elle chante bien ?
   a) _____ b) _____

3. Il fait la cuisine.
   a) _____ b) _____

4. Kenta est japonais ?
   a) _____ b) _____

5. Vos parents habitent à Osaka ?
   a) _____ b) _____

**2.** 疑問詞を伴う疑問文

1) イントネーションによる疑問文：疑問詞を「文末」に置きます。
   Vous habitez où ?          Elle a quel âge ?

2) « est-ce que » を用いた疑問文：疑問詞を「文頭」に置きます。
   Où est-ce que vous habitez ?     Quel âge est-ce qu'elle a ?

3) 倒置疑問文：疑問詞を「文頭」に置き、主語と動詞を倒置します。
   Où habitez-vous ?          Quel âge a-t-elle ?

注) « que » (「なに？」＝英語の what) の場合：
「あなたは何をしていますか？」
1) イントネーションによる疑問文：Vous faites que quoi ? ⇒ « que » の強勢形 « quoi »
2) « est-ce que » を用いた疑問文：Qu'est-ce que vous faites ?
3) 倒置疑問文：Que faites-vous ?

48

<練習> 下線部が答えとなる疑問文を３つのパターンで作りましょう。

1. J'ai <u>20 ans</u>. (Vousを主語にして)
    1) _____
    2) _____
    3) _____

2. Je parle <u>japonais et français</u>. (Tuを主語にして)
    1) _____
    2) _____
    3) _____

3. Elle habite <u>à Paris</u>.
    1) _____
    2) _____
    3) _____

4. Il est <u>professeur</u>. 「彼は（職業として）何をしていますか？」
    1) _____
    2) _____
    3) _____

5. J'aime <u>le sport</u>.
    1) _____
    2) _____
    3) _____

**3.** 否定疑問文：答え方に気を付けましょう！

Vous n'êtes pas étudiant ?

→ Oui, Si, je suis étudiant.

→ Non, je ne suis pas étudiant.

Tu n'aimes pas le chocolat ?

→ Oui, Si, j'adore.

→ Non, je n'aime pas.

<練習> 質問に答えましょう。

    1) Vous n'êtes pas étudiant(e) ? _____

    2) Vous n'êtes pas français(e) ? _____

    3) Vous n'aimez pas les cafards ? _____

    4) Vous n'aimez pas les chats ? _____

    5) Vous n'habitez pas au Japon ? _____

## Appendice 2

定冠詞・不定冠詞・部分冠詞・指示形容詞・所有形容詞・疑問形容詞の総復習

**1. 定冠詞：英語の the**

(    ) stylo(m)    (    ) gomme(f)    (    ) stylos(m)    (    ) gommes(f)
(    ) ami(m)    (    ) amie(f)    (    ) amis(m)    (    ) amies(f)

**2. 不定冠詞：英語の a**

(    ) stylo(m)    (    ) gomme(f)    (    ) stylos(m)    (    ) gommes(f)
(    ) ami(m)    (    ) amie(f)    (    ) amis(m)    (    ) amies(f)

**3. 指示形容詞：英語の this**

(    ) stylo(m)    (    ) gomme(f)    (    ) stylos(m)    (    ) gommes(f)
(    ) ami(m)    (    ) amie(f)    (    ) amis(m)    (    ) amies(f)

**4. 疑問形容詞：英語の what**

(    ) stylo(m)    (    ) gomme(f)    (    ) stylos(m)    (    ) gommes(f)
(    ) ami(m)    (    ) amie(f)    (    ) amis(m)    (    ) amies(f)

**5. 部分冠詞：数えられないものに使う**

(    ) café(m)    (    ) bière(f)    (    ) eau(f)

**6. 所有形容詞**

＜私：je＞

(    ) stylo(m)    (    ) gomme(f)    (    ) stylos(m)    (    ) gommes(f)
(    ) ami(m)    (    ) amie(f)    (    ) amis(m)    (    ) amies(f)

＜君：tu＞

(    ) stylo(m)    (    ) gomme(f)    (    ) stylos(m)    (    ) gommes(f)
(    ) ami(m)    (    ) amie(f)    (    ) amis(m)    (    ) amies(f)

＜彼・彼女：il / elle＞

(    ) stylo(m)    (    ) gomme(f)    (    ) stylos(m)    (    ) gommes(f)
(    ) ami(m)    (    ) amie(f)    (    ) amis(m)    (    ) amies(f)

＜私たち：nous＞

(    ) stylo(m)    (    ) gomme(f)    (    ) stylos(m)    (    ) gommes(f)
(    ) ami(m)    (    ) amie(f)    (    ) amis(m)    (    ) amies(f)

＜あなた（たち）：vous＞

(    ) stylo(m)    (    ) gomme(f)    (    ) stylos(m)    (    ) gommes(f)
(    ) ami(m)    (    ) amie(f)    (    ) amis(m)    (    ) amies(f)

＜彼等・彼女等：ils / elles＞

(    ) stylo(m)    (    ) gomme(f)    (    ) stylos(m)    (    ) gommes(f)
(    ) ami(m)    (    ) amie(f)    (    ) amis(m)    (    ) amies(f)

<練習> (    ) に適語を入れましょう。

**1.**

- Tu as (                ) frères, ou (                ) sœurs ?
- J'ai (                ) frère, mais je n'ai pas (                ) sœur.  Et toi ?
- Moi, j'ai  (                ) frère et (                ) sœur.
- Alors, ils ont (                ) âge ?
- (                ) frère a 26 ans, et (                ) sœur, 23 ans.
- (                ) frère, (                ) est (                ) profession ?
- Il est professeur.
- Et (                ) sœur, qu'est-ce qu'elle fait dans la vie?
- Elle est musicienne.

**2.**

- Tu aimes (                ) musique ?
- Oui, j'adore ! J'écoute souvent (                ) musique.
- Ah bon ! Tu aimes (                ) chanteurs ou (                ) chanteuses ?
- J'aime Ken Hirai. Et toi ?  Tu aimes (                ) musique ?
- Oui, mais je préfère (                ) sport.
- Ah bon, tu aimes (                ) genre de sport ?
- J'adore (                ) foot.  Je fais (                ) foot tous les dimanches.

**3.**

- Qu'est-ce que tu manges au petit déjeuner ?
- Je prends (                ) pain et (                ) salade.
- Tu manges (                ) fromage ?
- Non, je ne mange pas (                ) fromage.
- Et comme boisson ?
- Je bois (                ) café au lait.  Et toi ?
- Je prends (                ) riz et (                ) soupe de miso.
- Tu bois (                ) café, par exemple ?
- Non, je ne bois jamais (                ) café.  Je n'aime pas beaucoup ça.
- Alors, qu'est-ce que tu aimes comme boisson ?
- Uh... J'aime (                ) thé vert.

**4.** （カフェにて）

- Bonjour, (                ) carte, s'il vous plaît.
- Voilà.
- Uh... pour moi, (                ) café, s'il vous plaît.
- D'accord, avec ça ?
- Vous avez (                ) sandwichs ?
- Oui, bien sûr.
- Alors, je prends (                ) sandwich au jambon.
- Et pour madame ?
- Moi, je prends (                ) thé et (                ) tarte aux pommes.

# Appendice 3 命令形

## 1. 命令形の基本

フランス語では英語のように原形を用いず、動詞を活用させ、主語を外します。
否定命令形では、活用した動詞をneとpasではさみます。

| | **chanter** | **finir** | **aller** | **faire** | **prendre** |
|---|---|---|---|---|---|
| vous に対する命令形 | chantez | finissez | allez | faites | prenez |
| tu に対する命令形 | chante* | finis | va* | fais | prends |
| nous に対する命令形 | chantons | finissons | allons | faisons | prenons |

*) 第一群規則動詞と « aller » の tu に対する命令形では語尾の « s » を外す。（例外：Vas-y !）

« être / avoir »の命令形は現在形の活用と大きく異なります。しっかり覚えましょう。

| | **être** | **avoir** |
|---|---|---|
| vous に対する命令形 | soyez | ayez |
| tu に対する命令形 | sois | aie |
| nous に対する命令形 | soyons | ayez |

## 2. 代名動詞の命令形：« se lever：起床する »

＜肯定命令形＞ 主語を外し、「再帰代名詞」と「動詞」を倒置する。人称は強勢形！

Vous vous levez. → ~~Vous~~ vous levez ⇒ Levez-vous.
Tu te lèves. → ~~Tu~~ te lèves ⇒ Lève-toi.
Nous nous levons. → ~~Nous~~ nous levons ⇒ Levons-nous.

＜否定命令形＞「再帰代名詞」と「動詞」は倒置しない。主語を外すだけ！

Vous ne vous levez pas. → ~~Vous~~ ne vous levez pas. ⇒ Ne vous levez pas.
Tu ne te lèves pas. → ~~Tu~~ ne te lèves pas. ⇒ Ne te lève pas.
Nous ne nous levons pas. → ~~Nous~~ ne nous levons pas. ⇒ Ne nous levons pas.

## 3. 人称代名詞を含む文章の命令形

＜肯定命令形＞ 主語を外し、「代名詞」と「動詞」を倒置する。

Vous finissez ce travail. → ~~Vous~~ le finissez. ⇒ Finissez-le.
Vous téléphonez à Ken. → ~~Vous~~ lui téléphonez. ⇒ Téléphonez-lui.
⇒人称代名詞 « me » は「強勢形」に変わります！
Vous me téléphonez. → ~~Vous~~ me téléphonez. ⇒ Téléphonez- ~~me~~ moi.
Tu me réponds. → ~~Tu~~ me réponds. ⇒ Réponds- ~~me~~ moi.

＜否定命令形＞「代名詞」と「動詞」は倒置しない。主語を外すだけ！

Vous ne finissez pas ce travail. → ~~Vous~~ ne le finissez pas. ⇒ Ne le finissez pas.
Vous ne téléphonez pas à Ken. → ~~Vous~~ ne lui téléphonez pas. ⇒ Ne lui téléphonez pas.
Tu ne me réponds pas. → ~~Tu~~ ne me réponds pas. ⇒ Ne me réponds pas.

<練習>
« **travailler** » の肯定命令形と否定命令形を作りましょう。

|  | 肯定命令形 | 否定命令形 |
|---|---|---|
| vousに対して |  |  |
| tuに対して |  |  |
| nousに対して |  |  |

« **se coucher** » の肯定命令形と否定命令形を作りましょう。

|  | 肯定命令形 | 否定命令形 |
|---|---|---|
| vousに対して |  |  |
| tuに対して |  |  |
| nousに対して |  |  |

**1.** 以下の文章を例に従って、命令形にしなさい。

例) Tu danses. → Danse.

1) Vous avez de la patience.

2) Tu es gentil avec ta sœur.

3) Tu ne prends pas le métro.

4) Nous sommes tranquilles.

5) Tu n'as pas peur.

6) Vous vous reposez bien.

7) Tu vas à l'hôpital.

8) Nous ne nous téléphonons pas.

**2.** 下線部を適切な人称代名詞に代えて、命令形にしましょう。

例) Tu téléphones à Ken. → Téléphone-lui.

1) Nous finissons ce travail. →

2) Vous ne téléphonez pas à Ken. →

3) Tu n'écris pas à Tomoko. →

4) Nous répondons à nos parents. →

5) Vous aimez vos amis. →

## Appendice 4

# 中性代名詞 en / y / le の総復習

**1. en**

1) 不定冠詞・部分冠詞の代わりをします。

J'ai des stylos. → J'en ai.　　　Il boit du vin. → Il en boit.

2) de を伴う表現の代わりをします。

Elle vient de France. → Elle en vient. Tu as besoin de voiture. → Tu en as besoin.

**2. y**

1) à [dans, en chez, など] ＋場所・名詞表現の代わりをします。

Je vais à Osaka. → J'y vais. Il va chez elle. → Il y va.

**3. le**

1) 属詞（形容詞・名詞）の代わりをします。

Il est acteur. → Il l'est.　　　Elle est gentille. → Elle l'est.

2) 文・節の代わりをします。

Il y a eu un accident ce matin, mais je ne le savais pas.

〈人称代名詞と中性代名詞の使い分け〉

**1.** 好き嫌いを言う場合：人称代名詞 **VS** 中性代名詞 **ça**（総称の ça）

1) 特定の人について好き嫌いを言う場合は、人称代名詞を使います。

Vous aimez Monsieur Dupont ?　— Oui, je l'aime. (l=le)

Vous aimez votre mère ?　　　— Oui, je l'aime. (l=la)

2) もの（「スポーツ」、「チョコ」など）の場合は、総称の **ça** を使います。

Vous aimez le sport ?　　— Oui, j'aime ça.

Vous aimez le chocolat ?　— Non, je déteste ça.

Vous aimez les pommes ?　— Oui, j'adore ça.

**2.** 間接目的語（à~）の場合：人称代名詞 **VS** 中性代名詞 **y**

1) 「à ＋人」の場合は人称代名詞を使います。

Vous téléphonez à Marie ?　　— Oui, je lui téléphone.

Vous écrivez à vos parents ?　— Oui, je leur écris souvent.

2) 「à ＋物・場所」の場合は中性代名詞 **y** を使います。

Vous allez à Paris ?　　　　— Oui, j'y vais.

Vous téléphonez au bureau ?　— Oui, j'y téléphone.

Vous répondez à cette lettre ?　— Oui, j'y réponds.

**3.** 人称代名詞 **VS** 中性代名詞 **en**

1) 「限定している」（定冠詞を伴う）の場合は、人称代名詞を使います。

Vous avez l'adresse de Marie ? — Oui, je l'ai.

2) 「限定していない」（不定冠詞・部分冠詞を伴う）の場合は、中性代名詞 **en** を使います。

Vous avez des stylos ?　— Oui, j'en ai (un).

Vous buvez du vin ?　　— Oui, j'en bois (un peu).

＜練習＞（　　）に適切な代名詞を入れなさい。（必要に応じてエリズィオンを行うこと！）

1. Tu connais Ken ?　— Oui je (　　　　　) connais.

2. Tu as des stylos ?　— Oui, je (　　　　　) ai.

3. Il est beau ?　— Oui, il (　　　　　) est.

4. Vous allez à Nanba ?　— Oui je (　　　　　) vais.

5. Tu aimes ton amie ?　— Oui, je (　　　　　) aime.

6. Tu aimes le vin ?　— Oui, j'aime (　　　　　).

7. Elle est malade ?　— Oui, je (　　　　　) pense.

8. Elle téléphone à Mika ?　— Oui, elle (　　　　　) téléphone.

9. Tu m'aimes ?　— Oui, je (　　　　　) aime.

10. Vous me connaissez ?　— Oui, je (　　　　　) connais.

11. Tu bois de la bière ?　— Oui, je (　　　　　) bois.

12. Tu portes le sac de Ken ?　— Oui, je (　　　　　) porte.

13. Tu aimes tes parents ?　— Oui, je (　　　　　) aime.

14. Tu manges du poisson ?　— Oui, je (　　　　　) mange.

15. Vous pensez à votre travail ?　— Oui, je (　　　　　) pense.

16. Vous avez des enfants ?　— Oui je (　　　　　) ai deux.

17. Makiko est belle ?　— Oui, je (　　　　　) pense.

18. Tu connais ses parents ?　— Oui, je (　　　　　) connais.

19. Tu écris à tes parents ?　— Oui, je (　　　　　) écris.

20. Vous buvez de l'eau ?　— Oui, je (　　　　　) bois.

**1.** 　直説法大過去形：「助動詞（avoir / être）の直説法半過去＋過去分詞」

| 1) chanter | | 2) aller | | 3) se lever | |
|---|---|---|---|---|---|
| j' | avais | j' | étais allé(e) | je | m'étais levé(e) |
| tu | avais | tu | étais allé(e) | tu | t'étais levé(e) |
| il | avait | il | était allé | il | s'était levé |
| elle | avait chanté | elle | était allée | elle | s'était levée |
| nous | avions | nous | étions allé(e)s | nous | nous étions levé(e)s |
| vous | aviez | vous | étiez allé(e)(s) | vous | vous étiez levé(e)(s) |
| ils | avaient | ils | étaient allés | ils | s'étaient levés |
| elles | avaient | elles | étaient allées | elles | s'étaient levées |

＜用法＞ 過去のある時点よりも前に完了している事柄をあらわします。

Quand je suis arrivée à la gare, le train était déjà parti. 私が駅に着いたとき、電車はすでに出発していた。

J'ai bien reçu la lettre que vous m'aviez envoyée. お送りいただいたお手紙、確かに受け取りました。

**2.** 　直説法前未来形：「助動詞（avoir / être）の直説法単純未来形＋過去分詞」

| 1) chanter | | 2) aller | | 3) se lever | |
|---|---|---|---|---|---|
| j' | aurai | je | serai allé(e) | je | me serai levé(e) |
| tu | auras | tu | seras allé(e) | tu | te seras levé(e) |
| il | aura | il | sera allé | il | se sera levé |
| elle | aura chanté | elle | sera allée | elle | se sera levée |
| nous | aurons | nous | serons allé(e)s | nous | nous serons levé(e)s |
| vous | aurez | vous | serez allé(e)(s) | vous | vous serez levé(e)(s) |
| ils | auront | ils | seront allés | ils | se seront levés |
| elles | auront | elles | seront allées | elles | se seront levées |

＜用法＞ 未来のある時点までに完了している事柄をあらわします。

Téléphone-moi, quand le colis sera arrivé. 荷物が到着したら、電話してよ。

Dès que nous aurons fini ce travail, nous irons à la mer. この仕事が終わったらすぐ、海に行こう！

**3.** 　条件法過去形：「助動詞（avoir / être）の条件法現在＋過去分詞」

| 1) chanter | | 2) aller | | 3) se lever | |
|---|---|---|---|---|---|
| j' | aurais | je | serais allé(e) | je | me serais levé(e) |
| tu | aurais | tu | serais allé(e) | tu | te serais levé(e) |
| il | aurait | il | serait allé | il | se serait levé |
| elle | aurait chanté | elle | serait allée | elle | se serait levée |
| nous | aurions | nous | serions allé(e)s | nous | nous serions levé(e)s |
| vous | auriez | vous | seriez allé(e)(s) | vous | vous seriez levé(e)(s) |
| ils | auraient | ils | seraient allés | ils | se seraient levés |
| elles | auraient | elles | seraient allées | elles | se seraient levées |

＜用法＞ 過去の事実に反する事柄をあらわします。

S'il avait fait beau, je serais allé en promenade. もしも天気がよかったら、散歩に行ったのに。

Si j'avais bien travaillé, j'aurais réussi à l'examen. よく勉強してれば、試験に合格したのに。

**4.** 　接続法過去形：「助動詞（avoir / être）の接続法現在＋過去分詞」

| 1) chanter | | 2) aller | | 3) se lever | |
|---|---|---|---|---|---|
| j' | aie | je | sois allé(e) | je | me sois levé(e) |
| tu | aies | tu | sois allé(e) | tu | te sois levé(e) |
| il | ait | il | soit allé | il | se soit levé |
| elle | ait chanté | elle | soit allée | elle | se soit levée |
| nous | ayons | nous | soyons allé(e)s | nous | nous soyons levé(e)s |
| vous | ayez | vous | soyez allé(e)(s) | vous | vous soyez levé(e)(s) |
| ils | aient | ils | soient allés | ils | se soient levés |
| elles | aient | elles | soient allées | elles | se soient levées |

＜用法＞ （接続法をとる表現に続く）従属節 « que » 以下の内容が「過去」の事柄である場合。

Je suis contente que ma lettre soit bien arrivée chez toi. 私の手紙、ちゃんと届いて、嬉しいです。

Je ne pense pas qu'il ait réussi à l'examen. 彼が合格したとは思えない。

<練習> 文脈に合うように、[　　] に与えられた動詞を正しく活用させなさい。

（必要に応じて、エリズィオンを行うこと！）

1. Tu as des nouvelles de Paul ?
   - Oui, sa mère m'a dit qu'il (　　　　　　　　　　　　) [rentrer] il y a trois jours.

2. Vous avez bien réussi à l'examen ?
   -Non, quand je suis arrivé à la fac, l'examen (　　　　　　　　　　) [finir].

3. Tu es sorti ce week-end ?
   - Non.  S'il avait fait plus frais, je (　　　　　　　　　) [faire] du foot avec mes amis.

4. Qu'est-ce que vous avez fait pendant les grandes vacances ?
   -Rien.  Si nous (　　　　　　　　) [avoir] plus d'argent, nous aurions voyagé en France.

5. Michel a réussi à l'examen ?
   - Oui !  Je suis très contente qu'il (　　　　　　　　　) [faire] de son mieux.

6. Marie, tu es où ?
   - Je suis à la fac.  Dès que je (　　　　　　　　　) [arriver] à la gare,
     je te (　　　　　　　　　) [téléphoner].

7. Michel sort toujours avec Anne !
   - Oui, c'est vrai.  Je ne crois pas qu'il l'(　　　　　　　　　) [quitter].

8. C'était amusant, la fête de Noël ?
   - Oui, mais si tu (　　　　　　　) [être] avec nous, on (　　　　　　) [s'amuser]
     devantage !

9. Michel n'est pas encore arrivé.
   - Ah bon...je crains fort qu'il (　　　　　　　　　) [se tromper] de chemin.

10. Tu connais le château de Versailles ?
    - Oui, bien sûr !  C'est le plus beau château que je (　　　　　　　　　) [visiter]
      pendant ce voyage.

| | |
|---|---|
| I. aimer | III. être aimé(e)(s) |
| II. arriver | IV. se lever |

| | | |
|---|---|---|
| 1. avoir | 17. venir | 33. rire |
| 2. être | 18. offrir | 34. croire |
| 3. parler | 19. descendre | 35. craindre |
| 4. placer | 20. mettre | 36. prendre |
| 5. manger | 21. battre | 37. boire |
| 6. acheter | 22. suivre | 38. voir |
| 7. appeler | 23. vivre | 39. asseoir |
| 8. préférer | 24. écrire | 40. recevoir |
| 9. employer | 25. connaître | 41. devoir |
| 10. envoyer | 26. naître | 42. pouvoir |
| 11. aller | 27. conduire | 43. vouloir |
| 12. finir | 28. suffire | 44. savoir |
| 13. sortir | 29. lire | 45. valoir |
| 14. courir | 30. plaire | 46. falloir |
| 15. fuir | 31. dire | 47. pleuvoir |
| 16. mourir | 32. faire | |

| 不定形・分詞形 | 直　　説　　法 | | |
|---|---|---|---|

### I. aimer

**不定形・分詞形**
- aimant
- aimé
- ayant aimé
- （助動詞　avoir）

| | 現　　在 | 半　過　去 | 単　純　過　去 |
|---|---|---|---|
| | j' aime | j' aimais | j' aimai |
| | tu aimes | tu aimais | tu aimas |
| | il aime | il aimait | il aima |
| | nous aimons | nous aimions | nous aimâmes |
| | vous aimez | vous aimiez | vous aimâtes |
| | ils aiment | ils aimaient | ils aimèrent |

**命　令　法**
- aime
- aimons
- aimez

| | 複　合　過　去 | 大　過　去 | 前　過　去 |
|---|---|---|---|
| | j' ai aimé | j' avais aimé | j' eus aimé |
| | tu as aimé | tu avais aimé | tu eus aimé |
| | il a aimé | il avait aimé | il eut aimé |
| | nous avons aimé | nous avions aimé | nous eûmes aimé |
| | vous avez aimé | vous aviez aimé | vous eûtes aimé |
| | ils ont aimé | ils avaient aimé | ils eurent aimé |

### II. arriver

- arrivant
- arrivé
- étant arrivé(e)(s)
- （助動詞　être）

| | 複　合　過　去 | 大　過　去 | 前　過　去 |
|---|---|---|---|
| | je suis arrivé(e) | j' étais arrivé(e) | je fus arrivé(e) |
| | tu es arrivé(e) | tu étais arrivé(e) | tu fus arrivé(e) |
| | il est arrivé | il était arrivé | il fut arrivé |
| | elle est arrivée | elle était arrivée | elle fut arrivée |
| | nous sommes arrivé(e)s | nous étions arrivé(e)s | nous fûmes arrivé(e)s |
| | vous êtes arrivé(e)(s) | vous étiez arrivé(e)(s) | vous fûtes arrivé(e)(s) |
| | ils sont arrivés | ils étaient arrivés | ils furent arrivés |
| | elles sont arrivées | elles étaient arrivées | elles furent arrivées |

### III. être aimé(e)(s)

受動態
- étant aimé(e)(s)
- ayant été aimé(e)(s)

| | 現　　在 | 半　過　去 | 単　純　過　去 |
|---|---|---|---|
| | je suis aimé(e) | j' étais aimé(e) | je fus aimé(e) |
| | tu es aimé(e) | tu étais aimé(e) | tu fus aimé(e) |
| | il est aimé | il était aimé | il fut aimé |
| | elle est aimée | elle était aimée | elle fut aimé e |
| | n. sommes aimé(e)s | n. étions aimé(e)s | n. fûmes aimé(e)s |
| | v. êtes aimé(e)(s) | v. étiez aimé(e)(s) | v. fûtes aimé(e)(s) |
| | ils sont aimés | ils étaient aimés | ils furent aimés |
| | elles sont aimées | elles étaient aimées | elles furent aimées |

**命　令　法**
- sois aimé(e)
- soyons aimé(e)s
- soyez aimé(e)(s)

| | 複　合　過　去 | 大　過　去 | 前　過　去 |
|---|---|---|---|
| | j' ai été aimé(e) | j' avais été aimé(e) | j' eus été aimé(e) |
| | tu as été aimé(e) | tu avais été aimé(e) | tu eus été aimé(e) |
| | il a été aimé | il avait été aimé | il eut été aimé |
| | elle a été aimée | elle avait été aimée | elle eut été aimée |
| | n. avons été aimé(e)s | n. avions été aimé(e)s | n. eûmes été aimé(e)s |
| | v. avez été aimé(e)(s) | v. aviez été aimé(e)(s) | v. eûtes été aimé(e)(s) |
| | ils ont été aimés | ils avaient été aimés | ils eurent été aimés |
| | elles ont été aimées | elles avaient été aimées | elles eurent été aimées |

### IV. se lever

代名動詞
- se levant
- s'étant levé(e)(s)

| | 現　　在 | 半　過　去 | 単　純　過　去 |
|---|---|---|---|
| | je me lève | je me levais | je me levai |
| | tu te lèves | tu te levais | tu te levas |
| | il se lève | il se levait | il se leva |
| | n. n. levons | n. n. levions | n. n. levâmes |
| | v. v. levez | v. v. leviez | v. v. levâtes |
| | ils se lèvent | ils se levaient | ils se levèrent |

**命　令　法**
- lève-toi
- levons-nous
- levez-vous

| | 複　合　過　去 | 大　過　去 | 前　過　去 |
|---|---|---|---|
| | je me suis levé(e) | j' m' étais levé(e) | je me fus levé(e) |
| | tu t' es levé(e) | tu t' étais levé(e) | tu te fus levé(e) |
| | il s' est levé | il s' était levé | il se fut levé |
| | elle s' est levée | elle s' était levée | elle se fut levée |
| | n. n. sommes levé(e)s | n. n. étions levé(e)s | n. n. fûmes levé(e)s |
| | v. v. êtes levé(e)(s) | v. v. étiez levé(e)(s) | v. v. fûtes levé(e)(s) |
| | ils se sont levés | ils s' étaient levés | ils se furent levés |
| | elles se sont levées | elles s' étaient levées | elles se furent levées |

| 直　　説　　法 | 条　件　法 | 接　　　続　　　法 | |
|---|---|---|---|
| **単　純　未　来** | **現　　在** | **現　　在** | **半　過　去** |
| j' aimerai<br>tu aimeras<br>il aimera<br>nous aimerons<br>vous aimerez<br>ils aimeront | j' aimerais<br>tu aimerais<br>il aimerait<br>nous aimerions<br>vous aimeriez<br>ils aimeraient | j' aime<br>tu aimes<br>il aime<br>nous aimions<br>vous aimiez<br>ils aiment | j' aimasse<br>tu aimasses<br>il aimât<br>nous aimassions<br>vous aimassiez<br>ils aimassent |
| **前　未　来** | **過　　去** | **過　　去** | **大　過　去** |
| j' aurai aimé<br>tu auras aimé<br>il aura aimé<br>nous aurons aimé<br>vous aurez aimé<br>ils auront aimé | j' aurais aimé<br>tu aurais aimé<br>il aurait aimé<br>nous aurions aimé<br>vous auriez aimé<br>ils auraient aimé | j' aie aimé<br>tu aies aimé<br>il ait aimé<br>nous ayons aimé<br>vous ayez aimé<br>ils aient aimé | j' eusse aimé<br>tu eusses aimé<br>il eût aimé<br>nous eussions aimé<br>vous eussiez aimé<br>ils eussent aimé |
| **前　未　来** | **過　　去** | **過　　去** | **大　過　去** |
| je serai arrivé(e)<br>tu seras arrivé(e)<br>il sera arrivé<br>elle sera arrivée<br>nous serons arrivé(e)s<br>vous serez arrivé(e)(s)<br>ils seront arrivés<br>elles seront arrivées | je serais arrivé(e)<br>tu serais arrivé(e)<br>il serait arrivé<br>elle serait arrivée<br>nous serions arrivé(e)s<br>vous seriez arrivé(e)(s)<br>ils seraient arrivés<br>elles seraient arrivées | je sois arrivé(e)<br>tu sois arrivé(e)<br>il soit arrivé<br>elle soit arrivée<br>nous soyons arrivé(e)s<br>vous soyez arrivé(e)(s)<br>ils soient arrivés<br>elles soient arrivées | je fusse arrivé(e)<br>tu fusses arrivé(e)<br>il fût arrivé<br>elle fût arrivée<br>nous fussions arrivé(e)s<br>vous fussiez arrivé(e)(s)<br>ils fussent arrivés<br>elles fussent arrivées |
| **単　純　未　来** | **現　　在** | **現　　在** | **半　過　去** |
| je serai aimé(e)<br>tu seras aimé(e)<br>il sera aimé<br>elle sera aimée<br>n. serons aimé(e)s<br>v. serez aimé(e)(s)<br>ils seront aimés<br>elles seront aimées | je serais aimé(e)<br>tu serais aimé(e)<br>il serait aimé<br>elle serait aimée<br>n. serions aimé(e)s<br>v. seriez aimé(e)(s)<br>ils seraient aimés<br>elles seraient aimées | je sois aimé(e)<br>tu sois aimé(e)<br>il soit aimé<br>elle soit aimée<br>n. soyons aimé(e)s<br>v. soyez aimé(e)(s)<br>ils soient aimés<br>elles soient aimées | je fusse aimé(e)<br>tu fusses aimé(e)<br>il fût aimé<br>elle fût aimée<br>n. fussions aimé(e)s<br>v. fussiez aimé(e)(s)<br>ils fussent aimés<br>elles fussent aimées |
| **前　未　来** | **過　　去** | **過　　去** | **大　過　去** |
| j' aurai été aimé(e)<br>tu auras été aimé(e)<br>il aura été aimé<br>elle aura été aimée<br>n. aurons été aimé(e)s<br>v. aurez été aimé(e)(s)<br>ils auront été aimés<br>elles auront été aimées | j' aurais été aimé(e)<br>tu aurais été aimé(e)<br>il aurait été aimé<br>elle aurait été aimée<br>n. aurions été aimé(e)s<br>v. auriez été aimé(e)(s)<br>ils auraient été aimés<br>elles auraient été aimées | j' aie été aimé(e)<br>tu aies été aimé(e)<br>il ait été aimé<br>elle ait été aimée<br>n. ayons été aimé(e)s<br>v. ayez été aimé(e)(s)<br>ils aient été aimés<br>elles aient été aimées | j' eusse été aimé(e)<br>tu eusses été aimé(e)<br>il eût été aimé<br>elle eût été aimée<br>n. eussions été aimé(e)s<br>v. eussiez été aimé(e)(s)<br>ils eussent été aimés<br>elles eussent été aimées |
| **単　純　未　来** | **現　　在** | **現　　在** | **半　過　去** |
| je me lèverai<br>tu te lèveras<br>il se lèvera<br>n. n. lèverons<br>v. v. lèverez<br>ils se lèveront | je me lèverais<br>tu te lèverais<br>il se lèverait<br>n. n. lèverions<br>v. v. lèveriez<br>ils se lèveraient | je me lève<br>tu te lèves<br>il se lève<br>n. n. levions<br>v. v. leviez<br>ils se lèvent | je me levasse<br>tu te levasses<br>il se levât<br>n. n. levassions<br>v. v. levassiez<br>ils se levassent |
| **前　未　来** | **過　　去** | **過　　去** | **大　過　去** |
| je me serai levé(e)<br>tu te seras levé(e)<br>il se sera levé<br>elle se sera levée<br>n. n. serons levé(e)s<br>v. v. serez levé(e)(s)<br>ils se seront levés<br>elles se seront levées | je me serais levé(e)<br>tu te serais levé(e)<br>il se serait levé<br>elle se serait levée<br>n. n. serions levé(e)s<br>v. v. seriez levé(e)(s)<br>ils se seraient levés<br>elles se seraient levées | je me sois levé(e)<br>tu te sois levé(e)<br>il se soit levé<br>elle se soit levée<br>n. n. soyons levé(e)s<br>v. v. soyez levé(e)(s)<br>ils se soient levés<br>elles se soient levées | je me fusse levé(e)<br>tu te fusses levé(e)<br>il se fût levé<br>elle se fût levée<br>n. n. fussions levé(e)s<br>v. v. fussiez levé(e)(s)<br>ils se fussent levés<br>elles se fussent levées |

| 不 定 形<br>分 詞 形 | 直 説 法 | | | |
|---|---|---|---|---|
| | 現　　在 | 半 過 去 | 単 純 過 去 | 単 純 未 来 |
| **1. avoir**<br>もつ<br><br>ayant<br>eu [y] | j'　ai<br>tu　as<br>il　a<br>n.　avons<br>v.　avez<br>ils　ont | j'　avais<br>tu　avais<br>il　avait<br>n.　avions<br>v.　aviez<br>ils　avaient | j'　eus [y]<br>tu　eus<br>il　eut<br>n.　eûmes<br>v.　eûtes<br>ils　eurent | j'　aurai<br>tu　auras<br>il　aura<br>n.　aurons<br>v.　aurez<br>ils　auront |
| **2. être**<br>在る<br><br>étant<br>été | je　suis<br>tu　es<br>il　est<br>n.　sommes<br>v.　êtes<br>ils　sont | j'　étais<br>tu　étais<br>il　était<br>n.　étions<br>v.　étiez<br>ils　étaient | je　fus<br>tu　fus<br>il　fut<br>n.　fûmes<br>v.　fûtes<br>ils　furent | je　serai<br>tu　seras<br>il　sera<br>n.　serons<br>v.　serez<br>ils　seront |
| **3. parler**<br>話す<br><br>parlant<br>parlé | je　parle<br>tu　parles<br>il　parle<br>n.　parlons<br>v.　parlez<br>ils　parlent | je　parlais<br>tu　parlais<br>il　parlait<br>n.　parlions<br>v.　parliez<br>ils　parlaient | je　parlai<br>tu　parlas<br>il　parla<br>n.　parlâmes<br>v.　parlâtes<br>ils　parlèrent | je　parlerai<br>tu　parleras<br>il　parlera<br>n.　parlerons<br>v.　parlerez<br>ils　parleront |
| **4. placer**<br>置く<br><br>plaçant<br>placé | je　place<br>tu　places<br>il　place<br>n.　plaçons<br>v.　placez<br>ils　placent | je　plaçais<br>tu　plaçais<br>il　plaçait<br>n.　placions<br>v.　placiez<br>ils　plaçaient | je　plaçai<br>tu　plaças<br>il　plaça<br>n.　plaçâmes<br>v.　plaçâtes<br>ils　placèrent | je　placerai<br>tu　placeras<br>il　placera<br>n.　placerons<br>v.　placerez<br>ils　placeront |
| **5. manger**<br>食べる<br><br>mangeant<br>mangé | je　mange<br>tu　manges<br>il　mange<br>n.　mangeons<br>v.　mangez<br>ils　mangent | je　mangeais<br>tu　mangeais<br>il　mangeait<br>n.　mangions<br>v.　mangiez<br>ils　mangeaient | je　mangeai<br>tu　mangeas<br>il　mangea<br>n.　mangeâmes<br>v.　mangeâtes<br>ils　mangèrent | je　mangerai<br>tu　mangeras<br>il　mangera<br>n.　mangerons<br>v.　mangerez<br>ils　mangeront |
| **6. acheter**<br>買う<br><br>achetant<br>acheté | j'　achète<br>tu　achètes<br>il　achète<br>n.　achetons<br>v.　achetez<br>ils　achètent | j'　achetais<br>tu　achetais<br>il　achetait<br>n.　achetions<br>v.　achetiez<br>ils　achetaient | j'　achetai<br>tu　achetas<br>il　acheta<br>n.　achetâmes<br>v.　achetâtes<br>ils　achetèrent | j'　achèterai<br>tu　achèteras<br>il　achètera<br>n.　achèterons<br>v.　achèterez<br>ils　achèteront |
| **7. appeler**<br>呼ぶ<br><br>appelant<br>appelé | j'　appelle<br>tu　appelles<br>il　appelle<br>n.　appelons<br>v.　appelez<br>ils　appellent | j'　appelais<br>tu　appelais<br>il　appelait<br>n.　appelions<br>v.　appeliez<br>ils　appelaient | j'　appelai<br>tu　appelas<br>il　appela<br>n.　appelâmes<br>v.　appelâtes<br>ils　appelèrent | j'　appellerai<br>tu　appelleras<br>il　appellera<br>n.　appellerons<br>v.　appellerez<br>ils　appelleront |
| **8. préférer**<br>より好む<br><br>préférant<br>préféré | je　préfère<br>tu　préfères<br>il　préfère<br>n.　préférons<br>v.　préférez<br>ils　préfèrent | je　préférais<br>tu　préférais<br>il　préférait<br>n.　préférions<br>v.　préfériez<br>ils　préféraient | je　préférai<br>tu　préféras<br>il　préféra<br>n.　préférâmes<br>v.　préférâtes<br>ils　préférèrent | je　préférerai<br>tu　préféreras<br>il　préférera<br>n.　préférerons<br>v.　préférerez<br>ils　préféreront |

| 条件法 | 接続法 | | 命令法 | 同型活用の動詞（注意） |
|---|---|---|---|---|
| 現　在 | 現　在 | 半　過　去 | 現　在 | |
| j' aurais<br>tu aurais<br>il aurait<br>n. aurions<br>v. auriez<br>ils auraient | j' aie<br>tu aies<br>il ait<br>n. ayons<br>v. ayez<br>ils aient | j' eusse<br>tu eusses<br>il eût<br>n. eussions<br>v. eussiez<br>ils eussent | aie<br><br>ayons<br>ayez | |
| je serais<br>tu serais<br>il serait<br>n. serions<br>v. seriez<br>ils seraient | je sois<br>tu sois<br>il soit<br>n. soyons<br>v. soyez<br>ils soient | je fusse<br>tu fusses<br>il fût<br>n. fussions<br>v. fussiez<br>ils fussent | sois<br><br>soyons<br>soyez | |
| je parlerais<br>tu parlerais<br>il parlerait<br>n. parlerions<br>v. parleriez<br>ils parleraient | je parle<br>tu parles<br>il parle<br>n. parlions<br>v. parliez<br>ils parlent | je parlasse<br>tu parlasses<br>il parlât<br>n. parlassions<br>v. parlassiez<br>ils parlassent | parle<br><br>parlons<br>parlez | 第1群規則動詞<br>（4型〜10型をのぞく） |
| je placerais<br>tu placerais<br>il placerait<br>n. placerions<br>v. placeriez<br>ils placeraient | je place<br>tu places<br>il place<br>n. placions<br>v. placiez<br>ils placent | je plaçasse<br>tu plaçasses<br>il plaçât<br>n. plaçassions<br>v. plaçassiez<br>ils plaçassent | place<br><br>plaçons<br>placez | —cer の動詞<br>annoncer, avancer,<br>commencer, effacer,<br>renoncer など.<br>(a, o の前で c → ç) |
| je mangerais<br>tu mangerais<br>il mangerait<br>n. mangerions<br>v. mangeriez<br>ils mangeraient | je mange<br>tu manges<br>il mange<br>n. mangions<br>v. mangiez<br>ils mangent | je mangeasse<br>tu mangeasses<br>il mangeât<br>n. mangeassions<br>v. mangeassiez<br>ils mangeassent | mange<br><br>mangeons<br>mangez | —ger の動詞<br>arranger, changer,<br>charger, engager,<br>nager, obliger など.<br>(a, o の前で g → ge) |
| j' achèterais<br>tu achèterais<br>il achèterait<br>n. achèterions<br>v. achèteriez<br>ils achèteraient | j' achète<br>tu achètes<br>il achète<br>n. achetions<br>v. achetiez<br>ils achètent | j' achetasse<br>tu achetasses<br>il achetât<br>n. achetassions<br>v. achetassiez<br>ils achetassent | achète<br><br>achetons<br>achetez | —e＋子音＋er の動詞<br>achever, lever,<br>mener など.<br>(7型をのぞく. e muet を<br>含む音節の前で e → è) |
| j' appellerais<br>tu appellerais<br>il appellerait<br>n. appellerions<br>v. appelleriez<br>ils appelleraient | j' appelle<br>tu appelles<br>il appelle<br>n. appelions<br>v. appeliez<br>ils appellent | j' appelasse<br>tu appelasses<br>il appelât<br>n. appelassions<br>v. appelassiez<br>ils appelassent | appelle<br><br>appelons<br>appelez | —eter, —eler の動詞<br>jeter, rappeler など.<br>(6型のものもある.<br>e muet の前で t, l を重ね<br>る) |
| je préférerais<br>tu préférerais<br>il préférerait<br>n. préférerions<br>v. préféreriez<br>ils préféreraient | je préfère<br>tu préfères<br>il préfère<br>n. préférions<br>v. préfériez<br>ils préfèrent | je préférasse<br>tu préférasses<br>il préférât<br>n. préférassions<br>v. préférassiez<br>ils préférassent | préfère<br><br>préférons<br>préférez | —é＋子音＋er の動詞<br>céder, espérer,<br>opérer, répéter など.<br>(e muet を含む語末音節<br>の前で é → è) |

| 不 定 形<br>分 詞 形 | 直　　　説　　　法 | | | |
|---|---|---|---|---|
| | 現　　　在 | 半 過 去 | 単 純 過 去 | 単 純 未 来 |
| **9. employer**<br>使う<br><br>employant<br>employé | j'　emploie<br>tu　emploies<br>il　emploie<br>n.　employons<br>v.　employez<br>ils　emploient | j'　employais<br>tu　employais<br>il　employait<br>n.　employions<br>v.　employiez<br>ils　employaient | j'　employai<br>tu　employas<br>il　employa<br>n.　employâmes<br>v.　employâtes<br>ils　employèrent | j'　emploierai<br>tu　emploieras<br>il　emploiera<br>n.　emploierons<br>v.　emploierez<br>ils　emploieront |
| **10. envoyer**<br>送る<br><br>envoyant<br>envoyé | j'　envoie<br>tu　envoies<br>il　envoie<br>n.　envoyons<br>v.　envoyez<br>ils　envoient | j'　envoyais<br>tu　envoyais<br>il　envoyait<br>n.　envoyions<br>v.　envoyiez<br>ils　envoyaient | j'　envoyai<br>tu　envoyas<br>il　envoya<br>n.　envoyâmes<br>v.　envoyâtes<br>ils　envoyèrent | j'　enverrai<br>tu　enverras<br>il　enverra<br>n.　enverrons<br>v.　enverrez<br>ils　enverront |
| **11. aller**<br>行く<br><br>allant<br>allé | je　vais<br>tu　vas<br>il　va<br>n.　allons<br>v.　allez<br>ils　vont | j'　allais<br>tu　allais<br>il　allait<br>n.　allions<br>v.　alliez<br>ils　allaient | j'　allai<br>tu　allas<br>il　alla<br>n.　allâmes<br>v.　allâtes<br>ils　allèrent | j'　irai<br>tu　iras<br>il　ira<br>n.　irons<br>v.　irez<br>ils　iront |
| **12. finir**<br>終える<br><br>finissant<br>fini | je　finis<br>tu　finis<br>il　finit<br>n.　finissons<br>v.　finissez<br>ils　finissent | je　finissais<br>tu　finissais<br>il　finissait<br>n.　finissions<br>v.　finissiez<br>ils　finissaient | je　finis<br>tu　finis<br>il　finit<br>n.　finîmes<br>v.　finîtes<br>ils　finirent | je　finirai<br>tu　finiras<br>il　finira<br>n.　finirons<br>v.　finirez<br>ils　finiront |
| **13. sortir**<br>出かける<br><br>sortant<br>sorti | je　sors<br>tu　sors<br>il　sort<br>n.　sortons<br>v.　sortez<br>ils　sortent | je　sortais<br>tu　sortais<br>il　sortait<br>n.　sortions<br>v.　sortiez<br>ils　sortaient | je　sortis<br>tu　sortis<br>il　sortit<br>n.　sortîmes<br>v.　sortîtes<br>ils　sortirent | je　sortirai<br>tu　sortiras<br>il　sortira<br>n.　sortirons<br>v.　sortirez<br>ils　sortiront |
| **14. courir**<br>走る<br><br>courant<br>couru | je　cours<br>tu　cours<br>il　court<br>n.　courons<br>v.　courez<br>ils　courent | je　courais<br>tu　courais<br>il　courait<br>n.　courions<br>v.　couriez<br>ils　couraient | je　courus<br>tu　courus<br>il　courut<br>n.　courûmes<br>v.　courûtes<br>ils　coururent | je　courrai<br>tu　courras<br>il　courra<br>n.　courrons<br>v.　courrez<br>ils　courront |
| **15. fuir**<br>逃げる<br><br>fuyant<br>fui | je　fuis<br>tu　fuis<br>il　fuit<br>n.　fuyons<br>v.　fuyez<br>ils　fuient | je　fuyais<br>tu　fuyais<br>il　fuyait<br>n.　fuyions<br>v.　fuyiez<br>ils　fuyaient | je　fuis<br>tu　fuis<br>il　fuit<br>n.　fuîmes<br>v.　fuîtes<br>ils　fuirent | je　fuirai<br>tu　fuiras<br>il　fuira<br>n.　fuirons<br>v.　fuirez<br>ils　fuiront |
| **16. mourir**<br>死ぬ<br><br>mourant<br>mort | je　meurs<br>tu　meurs<br>il　meurt<br>n.　mourons<br>v.　mourez<br>ils　meurent | je　mourais<br>tu　mourais<br>il　mourait<br>n.　mourions<br>v.　mouriez<br>ils　mouraient | je　mourus<br>tu　mourus<br>il　mourut<br>n.　mourûmes<br>v.　mourûtes<br>ils　moururent | je　mourrai<br>tu　mourras<br>il　mourra<br>n.　mourrons<br>v.　mourrez<br>ils　mourront |

| 条 件 法 | 接 続 法 | | 命 令 法 | 同型活用の動詞 |
|---|---|---|---|---|
| 現　在 | 現　在 | 半　過　去 | 現　在 | （注意） |
| j' emploierais<br>tu emploierais<br>il emploierait<br>n. emploierions<br>v. emploieriez<br>ils emploieraient | j' emploie<br>tu emploies<br>il emploie<br>n. employions<br>v. employiez<br>ils emploient | j' employasse<br>tu employasses<br>il employât<br>n. employassions<br>v. employassiez<br>ils employassent | emploie<br><br>employons<br>employez | —oyer, —uyer,<br>—ayer の動詞<br>（e muet の前で y → i.<br>—ayer は 3 型でもよい.<br>また envoyer → 10) |
| j' enverrais<br>tu enverrais<br>il enverrait<br>n. enverrions<br>v. enverriez<br>ils enverraient | j' envoie<br>tu envoies<br>il envoie<br>n. envoyions<br>v. envoyiez<br>ils envoient | j' envoyasse<br>tu envoyasses<br>il envoyât<br>n. envoyassions<br>v. envoyassiez<br>ils envoyassent | envoie<br><br>envoyons<br>envoyez | renvoyer<br>（未来，条・現のみ 9 型と<br>ことなる） |
| j' irais<br>tu irais<br>il irait<br>n. irions<br>v. iriez<br>ils iraient | j' aille<br>tu ailles<br>il aille<br>n. allions<br>v. alliez<br>ils aillent | j' allasse<br>tu allasses<br>il allât<br>n. allassions<br>v. allassiez<br>ils allassent | va<br><br>allons<br>allez | |
| je finirais<br>tu finirais<br>il finirait<br>n. finirions<br>v. finiriez<br>ils finiraient | je finisse<br>tu finisses<br>il finisse<br>n. finissions<br>v. finissiez<br>ils finissent | je finisse<br>tu finisses<br>il finît<br>n. finissions<br>v. finissiez<br>ils finissent | finis<br><br>finissons<br>finissez | 第 2 群規則動詞 |
| je sortirais<br>tu sortirais<br>il sortirait<br>n. sortirions<br>v. sortiriez<br>ils sortiraient | je sorte<br>tu sortes<br>il sorte<br>n. sortions<br>v. sortiez<br>ils sortent | je sortisse<br>tu sortisses<br>il sortît<br>n. sortissions<br>v. sortissiez<br>ils sortissent | sors<br><br>sortons<br>sortez | partir, dormir,<br>endormir, se repentir,<br>sentir, servir |
| je courrais<br>tu courrais<br>il courrait<br>n. courrions<br>v. courriez<br>ils courraient | je coure<br>tu coures<br>il coure<br>n. courions<br>v. couriez<br>ils courent | je courusse<br>tu courusses<br>il courût<br>n. courussions<br>v. courussiez<br>ils courussent | cours<br><br>courons<br>courez | accourir, parcourir,<br>secourir |
| je fuirais<br>tu fuirais<br>il fuirait<br>n. fuirions<br>v. fuiriez<br>ils fuiraient | je fuie<br>tu fuies<br>il fuie<br>n. fuyions<br>v. fuyiez<br>ils fuient | je fuisse<br>tu fuisses<br>il fuît<br>n. fuissions<br>v. fuissiez<br>ils fuissent | fuis<br><br>fuyons<br>fuyez | s'enfuir |
| je mourrais<br>tu mourrais<br>il mourrait<br>n. mourrions<br>v. mourriez<br>ils mourraient | je meure<br>tu meures<br>il meure<br>n. mourions<br>v. mouriez<br>ils meurent | je mourusse<br>tu mourusses<br>il mourût<br>n. mourussions<br>v. mourussiez<br>ils mourussent | meurs<br><br>mourons<br>mourez | |

| 不 定 形<br>分 詞 形 | 直　　説　　法 | | | |
|---|---|---|---|---|
| | 現　　　在 | 半　過　去 | 単純過去 | 単純未来 |
| **17. venir**<br>来る<br><br>venant<br>venu | je　viens<br>tu　viens<br>il　vient<br>n.　venons<br>v.　venez<br>ils　viennent | je　venais<br>tu　venais<br>il　venait<br>n.　venions<br>v.　veniez<br>ils　venaient | je　vins<br>tu　vins<br>il　vint<br>n.　vînmes<br>v.　vîntes<br>ils　vinrent | je　viendrai<br>tu　viendras<br>il　viendra<br>n.　viendrons<br>v.　viendrez<br>ils　viendront |
| **18. offrir**<br>贈る<br><br>offrant<br>offert | j'　offre<br>tu　offres<br>il　offre<br>n.　offrons<br>v.　offrez<br>ils　offrent | j'　offrais<br>tu　offrais<br>il　offrait<br>n.　offrions<br>v.　offriez<br>ils　offraient | j'　offris<br>tu　offris<br>il　offrit<br>n.　offrîmes<br>v.　offrîtes<br>ils　offrirent | j'　offrirai<br>tu　offriras<br>il　offrira<br>n.　offrirons<br>v.　offrirez<br>ils　offriront |
| **19. descendre**<br>降りる<br><br>descendant<br>descendu | je　descends<br>tu　descends<br>il　descend<br>n.　descendons<br>v.　descendez<br>ils　descendent | je　descendais<br>tu　descendais<br>il　descendait<br>n.　descendions<br>v.　descendiez<br>ils　descendaient | je　descendis<br>tu　descendis<br>il　descendit<br>n.　descendîmes<br>v.　descendîtes<br>ils　descendirent | je　descendrai<br>tu　descendras<br>il　descendra<br>n.　descendrons<br>v.　descendrez<br>ils　descendront |
| **20. mettre**<br>置く<br><br>mettant<br>mis | je　mets<br>tu　mets<br>il　met<br>n.　mettons<br>v.　mettez<br>ils　mettent | je　mettais<br>tu　mettais<br>il　mettait<br>n.　mettions<br>v.　mettiez<br>ils　mettaient | je　mis<br>tu　mis<br>il　mit<br>n.　mîmes<br>v.　mîtes<br>ils　mirent | je　mettrai<br>tu　mettras<br>il　mettra<br>n.　mettrons<br>v.　mettrez<br>ils　mettront |
| **21. battre**<br>打つ<br><br>battant<br>battu | je　bats<br>tu　bats<br>il　bat<br>n.　battons<br>v.　battez<br>ils　battent | je　battais<br>tu　battais<br>il　battait<br>n.　battions<br>v.　battiez<br>ils　battaient | je　battis<br>tu　battis<br>il　battit<br>n.　battîmes<br>v.　battîtes<br>ils　battirent | je　battrai<br>tu　battras<br>il　battra<br>n.　battrons<br>v.　battrez<br>ils　battront |
| **22. suivre**<br>ついて行く<br><br>suivant<br>suivi | je　suis<br>tu　suis<br>il　suit<br>n.　suivons<br>v.　suivez<br>ils　suivent | je　suivais<br>tu　suivais<br>il　suivait<br>n.　suivions<br>v.　suiviez<br>ils　suivaient | je　suivis<br>tu　suivis<br>il　suivit<br>n.　suivîmes<br>v.　suivîtes<br>ils　suivirent | je　suivrai<br>tu　suivras<br>il　suivra<br>n.　suivrons<br>v.　suivrez<br>ils　suivront |
| **23. vivre**<br>生きる<br><br>vivant<br>vécu | je　vis<br>tu　vis<br>il　vit<br>n.　vivons<br>v.　vivez<br>ils　vivent | je　vivais<br>tu　vivais<br>il　vivait<br>n.　vivions<br>v.　viviez<br>ils　vivaient | je　vécus<br>tu　vécus<br>il　vécut<br>n.　vécûmes<br>v.　vécûtes<br>ils　vécurent | je　vivrai<br>tu　vivras<br>il　vivra<br>n.　vivrons<br>v.　vivrez<br>ils　vivront |
| **24. écrire**<br>書く<br><br>écrivant<br>écrit | j'　écris<br>tu　écris<br>il　écrit<br>n.　écrivons<br>v.　écrivez<br>ils　écrivent | j'　écrivais<br>tu　écrivais<br>il　écrivait<br>n.　écrivions<br>v.　écriviez<br>ils　écrivaient | j'　écrivis<br>tu　écrivis<br>il　écrivit<br>n.　écrivîmes<br>v.　écrivîtes<br>ils　écrivirent | j'　écrirai<br>tu　écriras<br>il　écrira<br>n.　écrirons<br>v.　écrirez<br>ils　écriront |

| 条　件　法 | 接　　続　　法 | | 命　令　法 | 同型活用の動詞<br>（注意） |
|---|---|---|---|---|
| 現　在 | 現　在 | 半　過　去 | 現　在 | |
| je　viendrais<br>tu　viendrais<br>il　viendrait<br>n.　viendrions<br>v.　viendriez<br>ils　viendraient | je　vienne<br>tu　viennes<br>il　vienne<br>n.　venions<br>v.　veniez<br>ils　viennent | je　vinsse<br>tu　vinsses<br>il　vînt<br>n.　vinssions<br>v.　vinssiez<br>ils　vinssent | <br>viens<br><br>venons<br>venez | convenir, devenir,<br>provenir, revenir,<br>se souvenir ;<br>tenir, appartenir,<br>maintenir, obtenir,<br>retenir, soutenir |
| j'　offrirais<br>tu　offrirais<br>il　offrirait<br>n.　offririons<br>v.　offririez<br>ils　offriraient | j'　offre<br>tu　offres<br>il　offre<br>n.　offrions<br>v.　offriez<br>ils　offrent | j'　offrisse<br>tu　offrisses<br>il　offrît<br>n.　offrissions<br>v.　offrissiez<br>ils　offrissent | <br>offre<br><br>offrons<br>offrez | couvrir, découvrir,<br>ouvrir, souffrir |
| je　descendrais<br>tu　descendrais<br>il　descendrait<br>n.　descendrions<br>v.　descendriez<br>ils　descendraient | je　descende<br>tu　descendes<br>il　descende<br>n.　descendions<br>v.　descendiez<br>ils　descendent | je　descendisse<br>tu　descendisses<br>il　descendît<br>n.　descendissions<br>v.　descendissiez<br>ils　descendissent | <br>descends<br><br>descendons<br>descendez | attendre, défendre,<br>rendre, entendre,<br>perdre, prétendre,<br>répondre, tendre,<br>vendre |
| je　mettrais<br>tu　mettrais<br>il　mettrait<br>n.　mettrions<br>v.　mettriez<br>ils　mettraient | je　mette<br>tu　mettes<br>il　mette<br>n.　mettions<br>v.　mettiez<br>ils　mettent | je　misse<br>tu　misses<br>il　mît<br>n.　missions<br>v.　missiez<br>ils　missent | <br>mets<br><br>mettons<br>mettez | admettre, commettre,<br>permettre, promettre,<br>remettre, soumettre |
| je　battrais<br>tu　battrais<br>il　battrait<br>n.　battrions<br>v.　battriez<br>ils　battraient | je　batte<br>tu　battes<br>il　batte<br>n.　battions<br>v.　battiez<br>ils　battent | je　battisse<br>tu　battisses<br>il　battît<br>n.　battissions<br>v.　battissiez<br>ils　battissent | <br>bats<br><br>battons<br>battez | abattre, combattre |
| je　suivrais<br>tu　suivrais<br>il　suivrait<br>n.　suivrions<br>v.　suivriez<br>ils　suivraient | je　suive<br>tu　suives<br>il　suive<br>n.　suivions<br>v.　suiviez<br>ils　suivent | je　suivisse<br>tu　suivisses<br>il　suivît<br>n.　suivissions<br>v.　suivissiez<br>ils　suivissent | <br>suis<br><br>suivons<br>suivez | poursuivre |
| je　vivrais<br>tu　vivrais<br>il　vivrait<br>n.　vivrions<br>v.　vivriez<br>ils　vivraient | je　vive<br>tu　vives<br>il　vive<br>n.　vivions<br>v.　viviez<br>ils　vivent | je　vécusse<br>tu　vécusses<br>il　vécût<br>n.　vécussions<br>v.　vécussiez<br>ils　vécussent | <br>vis<br><br>vivons<br>vivez | |
| j'　écrirais<br>tu　écrirais<br>il　écrirait<br>n.　écririons<br>v.　écririez<br>ils　écriraient | j'　écrive<br>tu　écrives<br>il　écrive<br>n.　écrivions<br>v.　écriviez<br>ils　écrivent | j'　écrivisse<br>tu　écrivisses<br>il　écrivît<br>n.　écrivissions<br>v.　écrivissiez<br>ils　écrivissent | <br>écris<br><br>écrivons<br>écrivez | décrire, inscrire |

| 不 定 形<br>分 詞 形 | 直　　　　説　　　　法 | | | |
|---|---|---|---|---|
| | 現　　　在 | 半　過　去 | 単　純　過　去 | 単　純　未　来 |
| **25. connaître**<br>知っている<br><br>connaissant<br>connu | je connais<br>tu connais<br>il connaît<br>n. connaissons<br>v. connaissez<br>ils connaissent | je connaissais<br>tu connaissais<br>il connaissait<br>n. connaissions<br>v. connaissiez<br>ils connaissaient | je connus<br>tu connus<br>il connut<br>n. connûmes<br>v. connûtes<br>ils connurent | je connaîtrai<br>tu connaîtras<br>il connaîtra<br>n. connaîtrons<br>v. connaîtrez<br>ils connaîtront |
| **26. naître**<br>生まれる<br><br>naissant<br>né | je nais<br>tu nais<br>il naît<br>n. naissons<br>v. naissez<br>ils naissent | je naissais<br>tu naissais<br>il naissait<br>n. naissions<br>v. naissiez<br>ils naissaient | je naquis<br>tu naquis<br>il naquit<br>n. naquîmes<br>v. naquîtes<br>ils naquirent | je naîtrai<br>tu naîtras<br>il naîtra<br>n. naîtrons<br>v. naîtrez<br>ils naîtront |
| **27. conduire**<br>みちびく<br><br>conduisant<br>conduit | je conduis<br>tu conduis<br>il conduit<br>n. conduisons<br>v. conduisez<br>ils conduisent | je conduisais<br>tu conduisais<br>il conduisait<br>n. conduisions<br>v. conduisiez<br>ils conduisaient | je conduisis<br>tu conduisis<br>il conduisit<br>n. conduisîmes<br>v. conduisîtes<br>ils conduisirent | je conduirai<br>tu conduiras<br>il conduira<br>n. conduirons<br>v. conduirez<br>ils conduiront |
| **28. suffire**<br>足りる<br><br>suffisant<br>suffi | je suffis<br>tu suffis<br>il suffit<br>n. suffisons<br>v. suffisez<br>ils suffisent | je suffisais<br>tu suffisais<br>il suffisait<br>n. suffisions<br>v. suffisiez<br>ils suffisaient | je suffis<br>tu suffis<br>il suffit<br>n. suffîmes<br>v. suffîtes<br>ils suffirent | je suffirai<br>tu suffiras<br>il suffira<br>n. suffirons<br>v. suffirez<br>ils suffiront |
| **29. lire**<br>読む<br><br>lisant<br>lu | je lis<br>tu lis<br>il lit<br>n. lisons<br>v. lisez<br>ils lisent | je lisais<br>tu lisais<br>il lisait<br>n. lisions<br>v. lisiez<br>ils lisaient | je lus<br>tu lus<br>il lut<br>n. lûmes<br>v. lûtes<br>ils lurent | je lirai<br>tu liras<br>il lira<br>n. lirons<br>v. lirez<br>ils liront |
| **30. plaire**<br>気に入る<br><br>plaisant<br>plu | je plais<br>tu plais<br>il plaît<br>n. plaisons<br>v. plaisez<br>ils plaisent | je plaisais<br>tu plaisais<br>il plaisait<br>n. plaisions<br>v. plaisiez<br>ils plaisaient | je plus<br>tu plus<br>il plut<br>n. plûmes<br>v. plûtes<br>ils plurent | je plairai<br>tu plairas<br>il plaira<br>n. plairons<br>v. plairez<br>ils plairont |
| **31. dire**<br>言う<br><br>disant<br>dit | je dis<br>tu dis<br>il dit<br>n. disons<br>v. dites<br>ils disent | je disais<br>tu disais<br>il disait<br>n. disions<br>v. disiez<br>ils disaient | je dis<br>tu dis<br>il dit<br>n. dîmes<br>v. dîtes<br>ils dirent | je dirai<br>tu diras<br>il dira<br>n. dirons<br>v. direz<br>ils diront |
| **32. faire**<br>する<br><br>faisant [fəzɑ̃]<br>fait | je fais<br>tu fais<br>il fait<br>n. faisons [fəzɔ̃]<br>v. faites<br>ils font | je faisais [fəzɛ]<br>tu faisais<br>il faisait<br>n. faisions<br>v. faisiez<br>ils faisaient | je fis<br>tu fis<br>il fit<br>n. fîmes<br>v. fîtes<br>ils firent | je ferai<br>tu feras<br>il fera<br>n. ferons<br>v. ferez<br>ils feront |

| 条件法 | 接続法 | | 命令法 | 同型活用の動詞 |
| 現在 | 現在 | 半過去 | 現在 | （注意） |
|---|---|---|---|---|
| je connaîtrais<br>tu connaîtrais<br>il connaîtrait<br>n. connaîtrions<br>v. connaîtriez<br>ils connaîtraient | je connaisse<br>tu connaisses<br>il connaisse<br>n. connaissions<br>v. connaissiez<br>ils connaissent | je connusse<br>tu connusses<br>il connût<br>n. connussions<br>v. connussiez<br>ils connussent | connais<br><br>connaissons<br>connaissez | reconnaître ;<br>paraître, apparaître,<br>disparaître<br>（t の前で i → î） |
| je naîtrais<br>tu naîtrais<br>il naîtrait<br>n. naîtrions<br>v. naîtriez<br>ils naîtraient | je naisse<br>tu naisses<br>il naisse<br>n. naissions<br>v. naissiez<br>ils naissent | je naquisse<br>tu naquisses<br>il naquît<br>n. naquissions<br>v. naquissiez<br>ils naquissent | nais<br><br>naissons<br>naissez | renaître<br>（t の前で i → î） |
| je conduirais<br>tu conduirais<br>il conduirait<br>n. conduirions<br>v. conduiriez<br>ils conduiraient | je conduise<br>tu conduises<br>il conduise<br>n. conduisions<br>v. conduisiez<br>ils conduisent | je conduisisse<br>tu conduisisses<br>il conduisît<br>n. conduisissions<br>v. conduisissiez<br>ils conduisissent | conduis<br><br>conduisons<br>conduisez | introduire, produire,<br>traduire ;<br>construire, détruire |
| je suffirais<br>tu suffirais<br>il suffirait<br>n. suffirions<br>v. suffiriez<br>ils suffiraient | je suffise<br>tu suffises<br>il suffise<br>n. suffisions<br>v. suffisiez<br>ils suffisent | je suffisse<br>tu suffisses<br>il suffît<br>n. suffissions<br>v. suffissiez<br>ils suffissent | suffis<br><br>suffisons<br>suffisez | |
| je lirais<br>tu lirais<br>il lirait<br>n. lirions<br>v. liriez<br>ils liraient | je lise<br>tu lises<br>il lise<br>n. lisions<br>v. lisiez<br>ils lisent | je lusse<br>tu lusses<br>il lût<br>n. lussions<br>v. lussiez<br>ils lussent | lis<br><br>lisons<br>lisez | élire, relire |
| je plairais<br>tu plairais<br>il plairait<br>n. plairions<br>v. plairiez<br>ils plairaient | je plaise<br>tu plaises<br>il plaise<br>n. plaisions<br>v. plaisiez<br>ils plaisent | je plusse<br>tu plusses<br>il plût<br>n. plussions<br>v. plussiez<br>ils plussent | plais<br><br>plaisons<br>plaisez | déplaire, taire<br>（ただし taire の直・現・<br>3 人称単数 il tait） |
| je dirais<br>tu dirais<br>il dirait<br>n. dirions<br>v. diriez<br>ils diraient | je dise<br>tu dises<br>il dise<br>n. disions<br>v. disiez<br>ils disent | je disse<br>tu disses<br>il dît<br>n. dissions<br>v. dissiez<br>ils dissent | dis<br><br>disons<br>dites | redire |
| je ferais<br>tu ferais<br>il ferait<br>n. ferions<br>v. feriez<br>ils feraient | je fasse<br>tu fasses<br>il fasse<br>n. fassions<br>v. fassiez<br>ils fassent | je fisse<br>tu fisses<br>il fît<br>n. fissions<br>v. fissiez<br>ils fissent | fais<br><br>faisons<br>faites | défaire, refaire,<br>satisfaire |

| 不 定 形 分 詞 形 | 直 説 法 | | | |
|---|---|---|---|---|
| | 現　　在 | 半　過　去 | 単　純　過　去 | 単　純　未　来 |
| **33. rire** 笑う<br><br>riant<br>ri | je ris<br>tu ris<br>il rit<br>n. rions<br>v. riez<br>ils rient | je riais<br>tu riais<br>il riait<br>n. riions<br>v. riiez<br>ils riaient | je ris<br>tu ris<br>il rit<br>n. rîmes<br>v. rîtes<br>ils rirent | je rirai<br>tu riras<br>il rira<br>n. rirons<br>v. rirez<br>ils riront |
| **34. croire** 信じる<br><br>croyant<br>cru | je crois<br>tu crois<br>il croit<br>n. croyons<br>v. croyez<br>ils croient | je croyais<br>tu croyais<br>il croyait<br>n. croyions<br>v. croyiez<br>ils croyaient | je crus<br>tu crus<br>il crut<br>n. crûmes<br>v. crûtes<br>ils crurent | je croirai<br>tu croiras<br>il croira<br>n. croirons<br>v. croirez<br>ils croiront |
| **35. craindre** おそれる<br><br>craignant<br>craint | je crains<br>tu crains<br>il craint<br>n. craignons<br>v. craignez<br>ils craignent | je craignais<br>tu craignais<br>il craignait<br>n. craignions<br>v. craigniez<br>ils craignaient | je craignis<br>tu craignis<br>il craignit<br>n. craignîmes<br>v. craignîtes<br>ils craignirent | je craindrai<br>tu craindras<br>il craindra<br>n. craindrons<br>v. craindrez<br>ils craindront |
| **36. prendre** とる<br><br>prenant<br>pris | je prends<br>tu prends<br>il prend<br>n. prenons<br>v. prenez<br>ils prennent | je prenais<br>tu prenais<br>il prenait<br>n. prenions<br>v. preniez<br>ils prenaient | je pris<br>tu pris<br>il prit<br>n. prîmes<br>v. prîtes<br>ils prirent | je prendrai<br>tu prendras<br>il prendra<br>n. prendrons<br>v. prendrez<br>ils prendront |
| **37. boire** 飲む<br><br>buvant<br>bu | je bois<br>tu bois<br>il boit<br>n. buvons<br>v. buvez<br>ils boivent | je buvais<br>tu buvais<br>il buvait<br>n. buvions<br>v. buviez<br>ils buvaient | je bus<br>tu bus<br>il but<br>n. bûmes<br>v. bûtes<br>ils burent | je boirai<br>tu boiras<br>il boira<br>n. boirons<br>v. boirez<br>ils boiront |
| **38. voir** 見る<br><br>voyant<br>vu | je vois<br>tu vois<br>il voit<br>n. voyons<br>v. voyez<br>ils voient | je voyais<br>tu voyais<br>il voyait<br>n. voyions<br>v. voyiez<br>ils voyaient | je vis<br>tu vis<br>il vit<br>n. vîmes<br>v. vîtes<br>ils virent | je verrai<br>tu verras<br>il verra<br>n. verrons<br>v. verrez<br>ils verront |
| **39. asseoir** 座らせる<br><br>asseyant<br>assoyant<br><br>assis | j' assieds<br>tu assieds<br>il assied<br>n. asseyons<br>v. asseyez<br>ils asseyent<br><br>j' assois<br>tu assois<br>il assoit<br>n. assoyons<br>v. assoyez<br>ils assoient | j' asseyais<br>tu asseyais<br>il asseyait<br>n. asseyions<br>v. asseyiez<br>ils asseyaient<br><br>j' assoyais<br>tu assoyais<br>il assoyait<br>n. assoyions<br>v. assoyiez<br>ils assoyaient | j' assis<br>tu assis<br>il assit<br>n. assîmes<br>v. assîtes<br>ils assirent | j' assiérai<br>tu assiéras<br>il assiéra<br>n. assiérons<br>v. assiérez<br>ils assiéront<br><br>j' assoirai<br>tu assoiras<br>il assoira<br>n. assoirons<br>v. assoirez<br>ils assoiront |

| 条 件 法 | | 接 続 法 | | 命 令 法 | 同型活用の動詞 |
|---|---|---|---|---|---|
| 現 在 | | 現 在 | 半 過 去 | 現 在 | （注意） |
| je rirais<br>tu rirais<br>il rirait<br>n. ririons<br>v. ririez<br>ils riraient | | je rie<br>tu ries<br>il rie<br>n. riions<br>v. riiez<br>ils rient | je risse<br>tu risses<br>il rît<br>n. rissions<br>v. rissiez<br>ils rissent | ris<br><br>rions<br>riez | sourire |
| je croirais<br>tu croirais<br>il croirait<br>n. croirions<br>v. croiriez<br>ils croiraient | | je croie<br>tu croies<br>il croie<br>n. croyions<br>v. croyiez<br>ils croient | je crusse<br>tu crusses<br>il crût<br>n. crussions<br>v. crussiez<br>ils crussent | crois<br><br>croyons<br>croyez | |
| je craindrais<br>tu craindrais<br>il craindrait<br>n. craindrions<br>v. craindriez<br>ils craindraient | | je craigne<br>tu craignes<br>il craigne<br>n. craignions<br>v. craigniez<br>ils craignent | je craignisse<br>tu craignisses<br>il craignît<br>n. craignissions<br>v. craignissiez<br>ils craignissent | crains<br><br>craignons<br>craignez | plaindre ;<br>atteindre, éteindre,<br>peindre;<br>joindre, rejoindre |
| je prendrais<br>tu prendrais<br>il prendrait<br>n. prendrions<br>v. prendriez<br>ils prendraient | | je prenne<br>tu prennes<br>il prenne<br>n. prenions<br>v. preniez<br>ils prennent | je prisse<br>tu prisses<br>il prît<br>n. prissions<br>v. prissiez<br>ils prissent | prends<br><br>prenons<br>prenez | apprendre,<br>comprendre,<br>surprendre |
| je boirais<br>tu boirais<br>il boirait<br>n. boirions<br>v. boiriez<br>ils boiraient | | je boive<br>tu boives<br>il boive<br>n. buvions<br>v. buviez<br>ils boivent | je busse<br>tu busses<br>il bût<br>n. bussions<br>v. bussiez<br>ils bussent | bois<br><br>buvons<br>buvez | |
| je verrais<br>tu verrais<br>il verrait<br>n. verrions<br>v. verriez<br>ils verraient | | je voie<br>tu voies<br>il voie<br>n. voyions<br>v. voyiez<br>ils voient | je visse<br>tu visses<br>il vît<br>n. vissions<br>v. vissiez<br>ils vissent | vois<br><br>voyons<br>voyez | revoir |
| j' assiérais<br>tu assiérais<br>il assiérait<br>n. assiérions<br>v. assiériez<br>ils assiéraient | | j' asseye<br>tu asseyes<br>il asseye<br>n. asseyions<br>v. asseyiez<br>ils asseyent | j' assisse<br>tu assisses<br>il assît<br>n. assissions<br>v. assissiez<br>ils assissent | assieds<br><br>asseyons<br>asseyez | （代名動詞 s'asseoir と<br>して用いられることが<br>多い. 下段は俗語調） |
| j' assoirais<br>tu assoirais<br>il assoirait<br>n. assoirions<br>v. assoiriez<br>ils assoiraient | | j' assoie<br>tu assoies<br>il assoie<br>n. assoyions<br>v. assoyiez<br>ils assoient | | assois<br><br>assoyons<br>assoyez | |

| 不 定 形<br>分 詞 形 | 直　　　説　　　法 | | | |
|---|---|---|---|---|
| | 現　　在 | 半　過　去 | 単　純　過　去 | 単　純　未　来 |
| **40. recevoir**<br>受取る<br><br>recevant<br>reçu | je　reçois<br>tu　reçois<br>il　reçoit<br>n.　recevons<br>v.　recevez<br>ils　reçoivent | je　recevais<br>tu　recevais<br>il　recevait<br>n.　recevions<br>v.　receviez<br>ils　recevaient | je　reçus<br>tu　reçus<br>il　reçut<br>n.　reçûmes<br>v.　reçûtes<br>ils　reçurent | je　recevrai<br>tu　recevras<br>il　recevra<br>n.　recevrons<br>v.　recevrez<br>ils　recevront |
| **41. devoir**<br>ねばならぬ<br><br>devant<br>dû, due<br>dus, dues | je　dois<br>tu　dois<br>il　doit<br>n.　devons<br>v.　devez<br>ils　doivent | je　devais<br>tu　devais<br>il　devait<br>n.　devions<br>v.　deviez<br>ils　devaient | je　dus<br>tu　dus<br>il　dut<br>n.　dûmes<br>v.　dûtes<br>ils　durent | je　devrai<br>tu　devras<br>il　devra<br>n.　devrons<br>v.　devrez<br>ils　devront |
| **42. pouvoir**<br>できる<br><br>pouvant<br>pu | je　peux (puis)<br>tu　peux<br>il　peut<br>n.　pouvons<br>v.　pouvez<br>ils　peuvent | je　pouvais<br>tu　pouvais<br>il　pouvait<br>n.　pouvions<br>v.　pouviez<br>ils　pouvaient | je　pus<br>tu　pus<br>il　put<br>n.　pûmes<br>v.　pûtes<br>ils　purent | je　pourrai<br>tu　pourras<br>il　pourra<br>n.　pourrons<br>v.　pourrez<br>ils　pourront |
| **43. vouloir**<br>のぞむ<br><br>voulant<br>voulu | je　veux<br>tu　veux<br>il　veut<br>n.　voulons<br>v.　voulez<br>ils　veulent | je　voulais<br>tu　voulais<br>il　voulait<br>n.　voulions<br>v.　vouliez<br>ils　voulaient | je　voulus<br>tu　voulus<br>il　voulut<br>n.　voulûmes<br>v.　voulûtes<br>ils　voulurent | je　voudrai<br>tu　voudras<br>il　voudra<br>n.　voudrons<br>v.　voudrez<br>ils　voudront |
| **44. savoir**<br>知っている<br><br>sachant<br>su | je　sais<br>tu　sais<br>il　sait<br>n.　savons<br>v.　savez<br>ils　savent | je　savais<br>tu　savais<br>il　savait<br>n.　savions<br>v.　saviez<br>ils　savaient | je　sus<br>tu　sus<br>il　sut<br>n.　sûmes<br>v.　sûtes<br>ils　surent | je　saurai<br>tu　sauras<br>il　saura<br>n.　saurons<br>v.　saurez<br>ils　sauront |
| **45. valoir**<br>価値がある<br><br>valant<br>valu | je　vaux<br>tu　vaux<br>il　vaut<br>n.　valons<br>v.　valez<br>ils　valent | je　valais<br>tu　valais<br>il　valait<br>n.　valions<br>v.　valiez<br>ils　valaient | je　valus<br>tu　valus<br>il　valut<br>n.　valûmes<br>v.　valûtes<br>ils　valurent | je　vaudrai<br>tu　vaudras<br>il　vaudra<br>n.　vaudrons<br>v.　vaudrez<br>ils　vaudront |
| **46. falloir**<br>必要である<br><br>—<br>fallu | il　faut | il　fallait | il　fallut | il　faudra |
| **47. pleuvoir**<br>雨が降る<br><br>pleuvant<br>plu | il　pleut | il　pleuvait | il　plut | il　pleuvra |

72

| 条　件　法 | 接　　続　　法 | | 命　令　法 | 同型活用の動詞<br>（注意） |
|---|---|---|---|---|
| 現　　在 | 現　　在 | 半　過　去 | 現　　在 | |
| je recevrais<br>tu recevrais<br>il recevrait<br>n. recevrions<br>v. recevriez<br>ils recevraient | je reçoive<br>tu reçoives<br>il reçoive<br>n. recevions<br>v. receviez<br>ils reçoivent | je reçusse<br>tu reçusses<br>il reçût<br>n. reçussions<br>v. reçussiez<br>ils reçussent | reçois<br><br>recevons<br>recevez | apercevoir, concevoir |
| je devrais<br>tu devrais<br>il devrait<br>n. devrions<br>v. devriez<br>ils devraient | je doive<br>tu doives<br>il doive<br>n. devions<br>v. deviez<br>ils doivent | je dusse<br>tu dusses<br>il dût<br>n. dussions<br>v. dussiez<br>ils dussent | | （過去分詞は du＝de＋<br>le と区別するために男<br>性単数のみ dû と綴る） |
| je pourrais<br>tu pourrais<br>il pourrait<br>n. pourrions<br>v. pourriez<br>ils pourraient | je puisse<br>tu puisses<br>il puisse<br>n. puissions<br>v. puissiez<br>ils puissent | je pusse<br>tu pusses<br>il pût<br>n. pussions<br>v. pussiez<br>ils pussent | | |
| je voudrais<br>tu voudrais<br>il voudrait<br>n. voudrions<br>v. voudriez<br>ils voudraient | je veuille<br>tu veuilles<br>il veuille<br>n. voulions<br>v. vouliez<br>ils veuillent | je voulusse<br>tu voulusses<br>il voulût<br>n. voulussions<br>v. voulussiez<br>ils voulussent | veuille<br><br>veuillons<br>veuillez | |
| je saurais<br>tu saurais<br>il saurait<br>n. saurions<br>v. sauriez<br>ils sauraient | je sache<br>tu saches<br>il sache<br>n. sachions<br>v. sachiez<br>ils sachent | je susse<br>tu susses<br>il sût<br>n. sussions<br>v. sussiez<br>ils sussent | sache<br><br>sachons<br>sachez | |
| je vaudrais<br>tu vaudrais<br>il vaudrait<br>n. vaudrions<br>v. vaudriez<br>ils vaudraient | je vaille<br>tu vailles<br>il vaille<br>n. valions<br>v. valiez<br>ils vaillent | je valusse<br>tu valusses<br>il valût<br>n. valussions<br>v. valussiez<br>ils valussent | | |
| il faudrait | il faille | il fallût | | |
| il pleuvrait | il pleuve | il plût | | |

音声サイト URL

https://text.asahipress.com/free/french/cestavous/index.html

装丁・イラスト―メディアアート

---

**フランス語でスピーチしてみよう！**

---

検印
省略 ©2020年1月30日　初版発行

著　者　　　　　　横道　朝子

発行者　　　　　　原　雅久
発行所　　　　　株式会社　朝日出版社
〒101-0065 東京都千代田区西神田 3-3-5
電話　　(03) 3239-0271/72
振替口座　00140-2-46008
http://www.asahipress.com/
メディアアート／信毎書籍印刷